20
23

THIAGO
FERREIRA
CARDOSO
NEVES

CONDÔMINO E POSSUIDOR ANTISSOCIAL

TEORIA E PRÁTICA

Dados Internacionais de Catalogação na Publicação (CIP) de acordo com ISBD

N518c   Neves, Thiago Ferreira Cardoso
        Condômino e possuidor antissocial teoria e prática / Thiago Ferreira Cardoso Neves. - Indaiatuba, SP : Editora Foco, 2023.

       152 p. ; 16cm x 23cm.

       Inclui bibliografia e índice.

       ISBN: 978-65-5515-806-9

       1. Direito. 2. Direito Condominial. I. Título.

2023-1471   CDD 346.81   CDU 347.238.1

Elaborado por Vagner Rodolfo da Silva – CRB-8/9410

Índices para Catálogo Sistemático:

1. Direito Condominial 346.81

2. Direito Condominial 347.238.1

THIAGO
FERREIRA
CARDOSO
NEVES

CONDÔMINO E POSSUIDOR ANTISSOCIAL

TEORIA E PRÁTICA

2023 © Editora Foco

Autor: Thiago Ferreira Cardoso Neves
Diretor Acadêmico: Leonardo Pereira
Editor: Roberta Densa
Assistente Editorial: Paula Morishita
Revisora Sênior: Georgia Renata Dias
Capa Criação: Leonardo Hermano
Diagramação: Ladislau Lima e Aparecida Lima
Impressão miolo e capa: FORMA CERTA

DIREITOS AUTORAIS: É proibida a reprodução parcial ou total desta publicação, por qualquer forma ou meio, sem a prévia autorização da Editora FOCO, com exceção do teor das questões de concursos públicos que, por serem atos oficiais, não são protegidas como Direitos Autorais, na forma do Artigo 8º, IV, da Lei 9.610/1998. Referida vedação se estende às características gráficas da obra e sua editoração. A punição para a violação dos Direitos Autorais é crime previsto no Artigo 184 do Código Penal e as sanções civis às violações dos Direitos Autorais estão previstas nos Artigos 101 a 110 da Lei 9.610/1998. Os comentários das questões são de responsabilidade dos autores.

NOTAS DA EDITORA:

Atualizações e erratas: A presente obra é vendida como está, atualizada até a data do seu fechamento, informação que consta na página II do livro. Havendo a publicação de legislação de suma relevância, a editora, de forma discricionária, se empenhará em disponibilizar atualização futura.

Erratas: A Editora se compromete a disponibilizar no site www.editorafoco.com.br, na seção Atualizações, eventuais erratas por razões de erros técnicos ou de conteúdo. Solicitamos, outrossim, que o leitor faça a gentileza de colaborar com a perfeição da obra, comunicando eventual erro encontrado por meio de mensagem para contato@editorafoco.com.br. O acesso será disponibilizado durante a vigência da edição da obra.

Impresso no Brasil (06.2023) – Data de Fechamento (06.2023)

2023
Todos os direitos reservados à
Editora Foco Jurídico Ltda.
Rua Antonio Brunetti, 593 – Jd. Morada do Sol
CEP 13348-533 – Indaiatuba – SP

E-mail: contato@editorafoco.com.br
www.editorafoco.com.br

*Disse-lhe Jesus: Porque me viste, Tomé, creste;
bem-aventurados os que creram sem ver.*

Ao meu Deus, o grande Eu Sou.

À minha amada Camila, resposta das minhas orações, minha metade e mulher da minha vida.

À minha pequena Bruninha, a herança que recebi dos Céus e a razão da minha vida.

Aos meus pais, Sonia e Paulo, pois sem eles, eu nada seria.

PREFÁCIO

Quão difícil se revela reproduzir as impressões pessoais em palavras quando a emoção toma conta do prefaciador que se sente sumamente honrado pelo convite feito pelo Autor do livro ora oferecido ao público leitor.

Há aproximadamente uma década conheci Thiago Neves por ocasião de um evento científico realizado fora do Brasil. Desde o primeiro contato foi possível identificar um estudioso que se mostra bastante comprometido com o aperfeiçoamento do sistema jurídico no âmbito das relações privadas, notadamente as de caráter patrimonial.

Desde então foi possível reencontrar o Autor Thiago em outras ocasiões, inclusive por ocasião de sua participação no processo seletivo para ingresso no curso de Doutorado da Universidade do Estado do Rio de Janeiro, onde já leciono desde 2003.

O livro intitulado "Condômino e Possuidor Antissocial: teoria e prática" é o resultado de pesquisa desenvolvida pelo Autor em uma disciplina que ministrei no PPGD da UERJ que envolveu a abordagem de temas atuais e controversos sobre Direitos Reais à luz do sistema jurídico brasileiro.

É fundamental observar como o fenômeno dos condomínios edilícios não pode ser analisado exclusivamente sob o enfoque jurídico, eis que apresenta aspectos econômicos, políticos e culturais. O livro gira em torno de evidenciar a complexidade e riqueza das relações no meio condominial, notadamente nos centros urbanos.

Logo na primeira parte do livro, o Autor analisa, com profundidade, o conceito e o conteúdo do condomínio edilício, não se esquivando de se posicionar sobre várias questões polêmicas a esse respeito (inclusive sobre a natureza jurídica).

O desenvolvimento do livro contempla um panorama do modo como a sociedade pensa e vivencia o condomínio edilício diante das transformações operadas no crescimento das cidades brasileiras, destacando e realçando a intensidade das relações de vizinhança no meio condominial, a merecer a atenção do legislador, do administrador público e, principalmente, do julgador nas suas diferentes atividades.

O Brasil tem vivenciado inúmeras transformações políticas, econômicas, sociais e educacionais a partir da década de setenta no século XX, em especial

e, logicamente, as mudanças impuseram desafios e possibilidades no âmbito da pesquisa jurídica e formação continuada na área do Direito. Ao lado das mudanças operadas nos setores acima referidos, é importante a verificação da complexidade do fenômeno condominial como uma realidade contemporânea na sociedade civil.

Na contemporaneidade, no contexto da produção de conhecimento, a atividade de pesquisa vem se notabilizando pela sua redefinição no que tange aos aspectos metodológicos e às práticas socioeconômicas, promovendo mudanças de suma importância. A pesquisa passou de uma lógica eminentemente disciplinar para se caracterizar pela interdisciplinaridade ou transdisciplinaridade. O modelo tradicional de pesquisa – de fracionado e linear – se fez substituir por outro mais complexo, buscando a integração dos vários ciclos (ou fases) da pesquisa básica à aplicada.[1] Outros indicadores para a avaliação da qualidade da pesquisa passaram a ser considerados, como a sua relevância social, a aplicabilidade e a relação custo-benefício.

No segmento da formação de novos docentes na área do Direito, a Pós-Graduação *Stricto Sensu* vem permitindo que várias instituições de ensino superior localizadas no Estado do Rio de Janeiro e em outros Estados-membros da Federação passassem a contar com Mestres e Doutores em seus quadros docentes, atendendo ao aumento da demanda educacional na área do Direito. O exemplo da pesquisa desenvolvida para elaboração deste livro é paradigmático a respeito, sendo merecedor de destaque que a pesquisa foi desenvolvida a partir do estímulo que o Autor recebeu como Doutorando no PPGD da UERJ. Há, assim, o atendimento à função social da universidade em nível de Pós-Graduação em Direito diante dos impactos que a revolução científica e as transformações mundiais têm apresentado na sociedade pós-moderna.

Na condição de docente da Faculdade de Direito do PPGD da UERJ (como Professor Titular), atuo como Orientador do projeto de tese de Doutorado de Thiago Neves, acompanhando inclusive toda sua trajetória nas publicações de livros e artigos, sendo certo que desde 2020 (com o início da pandemia) já tive oportunidade de elaborar textos científicos em coautoria com o Thiago, além de coordenarmos livros já publicados.

As colocações acima feitas servem para demonstrar a importância da existência dos Cursos de Pós-Graduação *Stricto Sensu* no universo da Ciência do Direito. A obra ora prefaciada vem a ser exatamente uma das demonstrações

---

1. TRIGUEIRO, Michelangelo Giotto Santoro. *Universidades públicas*. Brasília: Editora Universidade de Brasília, 1999, p. 93.

mais concretas da relevância do aprofundamento das pesquisas e dos estudos acadêmicos na área do Direito.

Algumas características se apresentaram na inquietação do Autor Thiago Ferreira Cardoso Neves para elaboração deste livro: sensibilidade na identificação do tema e do recorte metodológico feito, irresignação com a doutrina e os julgados a respeito das questões envolvendo o condomínio edilício, coragem para desbravar áreas ainda não exploradas com o cuidado e a competência que se revelaram na tese e sua experiência como profissional da advocacia que constantemente se depara com casos concretos envolvendo os conflitos no condomínio edilício.

Por óbvio que o Prefácio não deve antecipar, ainda que de modo resumido, as principais e inestimáveis conclusões do livro, mas é importante destacar o emprego de critérios para serem usados como ferramentas para solução dos conflitos nas relações condominiais, inclusive quanto à então "novidade" introduzida pelo Código Civil a respeito do condômino e possuidor antissocial.

O livro ora prefaciado *Condômino e possuidor antissocial: teoria e prática*, de Thiago Neves, é demonstração fidedigna da presença das importantes e necessárias conexões entre o Direito e outras áreas do conhecimento humano, como bem ressalta Thiago Neves.

Além da sólida e vasta formação em vários ramos do Direito – em especial nos segmentos do Direito Civil, Direito do Consumidor e Direito de Empresa –, Thiago Neves é pesquisador que demonstra seu alto grau de compromisso com os valores e objetivos acadêmicos da excelência e objetividade na pesquisa, da seriedade e lucidez na análise crítica do material pesquisado, da competência e perspicácia na solução de questões hermenêuticas, em uma visão plural e interdisciplinar dos vários institutos e fenômenos abordados.

Algumas palavras sobre o autor Thiago Neves: bacharel em Direito pela Universidade Estácio de Sá, Mestre em Direito Civil pela Universidade do Estado do Rio de Janeiro, atualmente cursando o Doutorado na mesma UERJ, Thiago já é Professor Universitário reconhecido, lecionando em cursos de graduação e pós-graduação *lato sensu*, sendo respeitado pela sua atuação dedicada, profunda e comprometida no meio acadêmico. É, ainda, Vice-presidente e Membro Fundador da Academia Brasileira de Direito Civil, entidade que vem se destacando no universo do Direito brasileiro pela contribuição para o aperfeiçoamento do sistema jurídico em matéria de Direito Privado.

O livro é, pois, inovador, completo e instigante, fruto da harmonização da excelente pesquisa realizada e do inabalável esforço e dedicação do Autor, posicionando-se entre aqueles de leitura obrigatória para todos que reconhecem a necessária visão multidisciplinar sobre tema do condomínio edilício, notadamente no que se refere aos conflitos entre as pessoas que descumprem seus deveres no meio condominial. O domínio seguro sobre vários ramos do Direito, a expansão do olhar crítico a outros subsistemas sociais que não apenas o Direito e a exposição transparente e objetiva das ideias e raciocínios, fazem com que o livro seja recomendado como referência obrigatória aos acadêmicos, estudantes e estudiosos do Direito, além dos profissionais que terão consigo uma fonte inesgotável de informações e pensamentos hábeis a permitir a solução das mais complexas questões no âmbito da complexa relação condominial edilícia.

Cumprimento o Autor Thiago Ferreira Cardoso Neves e a Editora Foco por proporcionarem à comunidade jurídica o acesso a excelente obra que, sem dúvida, será um marco no segmento do Direito brasileiro. E, sem dúvida, posso afiançar que a obra intitulada *Condômino e possuidor antissocial: teoria e prática* demonstra o novo tipo de postura interpretativa que se espera do pesquisador e estudioso do Direito.

Fevereiro de 2023.

Guilherme Calmon Nogueira da Gama

Doutor e Mestre em Direito Civil pela UERJ. Professor Titular de Direito Civil da UERJ, Professor Permanente do PPG de Direito da UNESA e Professor Titular de Direito Civil do IBMEC/RJ. Vice-presidente do Tribunal Regional Federal da 2ª Região (TRF 2). Membro Fundador da Academia Brasileira de Direito Civil (ABDC). Ex-Conselheiro do Conselho Nacional de Justiça (CNJ).

NOTA DO AUTOR

A ideia de produzir este livro nasceu de um grande desejo que sempre tive de escrever uma obra que tratasse sobre o condomínio edilício, que é um dos meus principais temas de trabalho em minha trajetória de mais de 17 anos de advocacia. Este sonho se tornou realidade após cursar a disciplina Tópicos de Direitos Reais em meu curso de doutorado na Universidade do Estado do Rio de Janeiro, e que teve como professor meu orientador Guilherme Calmon Nogueira da Gama, que foi inspiradora e motivadora para colocar mãos à obra e o escrever.

Por isso, a conclusão desta missão me traz grande alegria, sobretudo por tratar de um tormentoso tema não apenas da dogmática, mas também da prática jurídica, que são os conflitos envolvendo as relações pessoais no ambiente condominial. Para enfrentá-lo pude mergulhar em questões instigantes, como a definição do condomínio edilício e de sua natureza jurídica, os diversos direitos e especialmente os importantes deveres que se impõem aos condôminos, além das sensíveis questões atinentes às relações de vizinhança, à função social da posse e da propriedade condominial e ao abuso do direito.

Por isso, entregar este trabalho ao público é motivo de grande felicidade, pois tenho a convicção de que se trata de uma obra escrita com responsabilidade e cuidado, particularmente na abordagem de temas notoriamente delicados.

Até por essa razão, concluo esta nota agradecendo a pessoas que tiveram uma importância fundamental para que este resultado fosse alcançado, agradecimento esse que vejo como um testemunho de vida e do amor de Deus. Inicio pelo meu querido e já mencionado amigo, professor e orientador, Guilherme Calmon, com quem divido, já há 03 anos, inúmeros projetos acadêmicos de sucesso. Embora um fã inveterado dele, só o conheci pessoalmente há cerca de 10 anos. Mas, durante o período pandêmico, e por afinidades pessoais e acadêmicas, nos aproximamos. E coincidentemente essa aproximação ocorreu pouco tempo antes do falecimento do meu saudoso mestre e amigo Sylvio Capanema, que por mais de 13 anos, foi minha maior referência profissional e acadêmica, além de ter tido importância ímpar na minha vida pessoal. Com a sua partida o sentimento de orfandade foi natural. Mas são em situações como essas que vejo, a cada dia, a poderosa mão de Deus em minha vida. Neste difícil período, e por diversas afinidades, eu e Guilherme acabamos por nos aproximar, e aquela lacuna que existia acabou por ser preenchida, não apenas por ser ele uma grande referência profissional e acadêmica, mas também por ser um ser verdadeiramente humano, de admirável correção e caráter, e alguém que vale a pena ter como exemplo, especialmente em um mundo em que as relações humanas sofrem grave processo de erosão. Por isso, devo esse agradecimento especial.

Sou imensamente grato, ainda, aos amigos e confrades da Academia Brasileira de Direito Civil, e particularmente ao querido Roger Aguiar, amigo verdadeiro, e que muitas vezes agiu como um pai, com conselhos, cuidado e afeto que, para mim, serão motivo de eterno conforto, gratidão e dívida. Igualmente agradeço aos amigos, José Fernando Simão, Mário Delgado e Rodolfo Pamplona, em quem encontrei amizade e apoio em momentos importantes, e que por isso também sou eternamente grato. Ainda da Academia registro meus agradecimentos aos queridos Sílvio Venosa, Pablo Stolze, Melhim Chalhub, Marco Aurélio Bezerra de Melo, Alexandre Elias, Alexandre Assumpção, Patrícia Serra, Márcio Guimarães e Sérgio Cavalieri. A ordem de referência não significa ordem de importância. A todos sou igualmente grato e feliz por tê-los como amigos.

Agradeço aos meus pais, Sonia e Paulo, por serem meus exemplos de caráter, honestidade e retidão, e por terem dedicado o esforço de uma vida inteira para que eu tivesse meios e condições de lutar minhas batalhas. Este é um amor que transcende barreiras.

Agradeço também a Deus pela minha pequena e linda Bruninha, que é o presente que recebi dos Céus. Os caminhos nunca mais foram os mesmos depois de sua chegada. A luta diária, incessante e incansável é por ela. E como retorno, recebo carinho e, sobretudo, um sorriso que aquece minha alma, restaura minhas forças e quebranta o meu coração. Um amor que não tem medida, e que incrivelmente cresce dia após dia.

Jamais poderia deixar de agradecer à minha mulher Camila, a benção prometida do Senhor e a mulher da minha vida, linda não apenas por fora, mas especialmente por dentro. Tê-la ao meu lado torna tudo mais fácil, claro e colorido, especialmente por ter a certeza de que trilharemos juntos todos os caminhos que decidirmos seguir, não importa se debaixo de um sol aquecedor, sob a brisa da primavera ou em meio à tempestade. Esse é o verdadeiro sentido do companheirismo e da expressão de Deus de que juntos somos uma só carne. Um amor verdadeiramente sem fim.

Por fim, mas na verdade, em primeiro lugar, agradeço ao meu Deus e Pai. Descrever o que Ele é e o que representa para mim é humanamente impossível. Sua Palavra diz que Ele é o Alfa e o Ômega, o início e o fim. Isso talvez me permita demonstrar, no vernáculo, o que Ele significa. Ele é tudo, e Sua graça me basta.

Ainda assim, em seu infinito amor, Ele me concede bençãos sem fim, que se refletem em todas as pessoas que aqui mencionei. Meu propósito de vida é levar a Sua Palavra e ao conhecimento de todos a Sua infinita e gloriosa existência. A Ele todo o meu amor, gratidão e louvor.

APRESENTAÇÃO

Quando sou procurado para fazermos o prefácio ou a apresentação de uma obra, sinto-me profundamente feliz por alguns motivos. Ser lembrado já é algo que implica o reconhecimento de meu trabalho e de minha trajetória jurídica. Ser lembrado significa que o autor da obra acredita que minha contribuição (ainda que mínima) torna o resultado final um pouco melhor, um pouco mais interessante aos leitores que do livro se valerão. Mas há outro fator relevante em alguns casos. O pedido resulta de admiração e amizade. É este o caso presente. Thiago Neves se revelou ao longo dos anos um bom amigo em seu trabalho incansável junto à Academia de Direito Civil.

Meu confrade, agora, se debruça sobre um tema dos mais antigos e paradoxalmente dos mais atuais "Possuidor e Condômino Antissocial". É verdade que das narrativas do mundo antigo sempre se tem notícias de atos inadequados (que hoje chamamos de antissociais) entre vizinhos, como por exemplo o ato de os moradores de uma *insula* jogarem dejetos humanos e animais pela janela (o velho instituto *effusis et dejectis*) causando enormes desconfortos. E por que em 2023 o tema segue relevante? Porque o ser humano não mudou com os milênios que separam as *insulae* do tempo de Otávio Augusto e os arranha-céus da Avenida Faria Lima do Século XXI.

É verdade que os conflitos com as árvores limítrofes são menos usuais que no passado (CC, art. 1.283. As raízes e os ramos de árvore, que ultrapassarem a estrema do prédio, poderão ser cortados, até o plano vertical divisório, pelo proprietário do terreno invadido), mas ainda no século XX o Tribunal de Justiça do Paraná proibiu um vizinho de cortar a raiz de uma araucária (*araucaria angustifolia*) por se tratar de árvore da flora brasileira.

No campo do abuso do direito de propriedade, desde as "priscas eras" do emblemático julgamento francês dos dirigíveis (Clément-Bayard)[2] em que o

---

2. Corte de Cassação francesa, 3 de agosto de 1915, 00-02-378. Esse caso é citado por muito como o "caso dos balões". Não se trata de balões, mas sim de dirigíveis. É um dos casos mais famosos e por isso citado com grandes equívocos. O debate disse respeito à extensão do direito de propriedade e da inutilidade das estacas colocadas pelo vizinho. A corte de apelação de Amiens já havia considerado abusiva a atitude de Coquerel por falta de qualquer utilidade nas hastes de ferro. Seu único objetivo era prejudicar o vizinho que utilizava dirigíveis (regra do artigo 647 do CC francês). Qual então era a questão de direito posta em julgamento? O direito de propriedade é absoluto ou tem limites em seu uso? A decisão da Corte de Cassação parte de premissa que há abuso de direito quando um comportamento tem por único objetivo a causação de um dano. Segundo a decisão, o abuso de direito pode receber duas sanções: a reparação *in natura* (no caso o Senhor Coquerel deve retirar as estacas) ou em dinheiro (indenização da vítima em perdas e danos).

vizinho (Coquerel) construiu estacas de madeira e hastes com ponta de ferro (de dezesseis metros) com o intuito emulativo de impedir o pouso dos dirigíveis do vizinho (Clément-Bayard) até os excessos de ruído de oito cães no pequeno quintal do vizinho[3] ou as obras de construção de um restaurante com atentado ao sossego que impõe risco aos vizinhos e teve sua demolição determinada,[4] os exemplos se multiplicam vertiginosamente.

Sim, a humanidade mudou para não mudar. Melhor seria citar diretamente a fonte (*Il Gattopardo*, Tomaso di Lampedusa):[5] "Se quisermos que tudo fique como está é preciso que tudo mude".

A noção de social e socialidade (daí por antítese o antissocial) não é romana, nem medieval. É uma leitura contemporânea, diria eu que entrou na "moda" em termos jurídicos mesmo no século XX. Ainda que no século XIX os primados da Revolução Francesa "liberdade, igualdade e fraternidade" fossem princípios norteadores do *Code Napoleon* de 1804, a liberdade e a igualdade se manifestam em uma profusão de artigos (mormente os que preveem a liberdade de contratar e a igualdade dos contratantes), porém a fraternidade, não. Essa fica relegada à uma noção de socialidade que ganha seus primeiros contornos com a função social da propriedade (tímida de início, e muito relevante com o passar dos anos) e assume um protagonismo na atualidade quer seja porque as questões ambientais assumem o centro do debate atual, quer seja porque o Código Civil de 2002 traz a função social do contrato, que permite vasta construção doutrinária sobre a socialidade como decorrência da fraternidade nas relações de cunho patrimonial.

A questão do condômino antissocial é complexa, polêmica, e diria que deveria ter sido tratada da maneira mais clara pelo texto da lei. Assim dispõe o artigo 1337:

> O condômino, ou possuidor, que não cumpre reiteradamente com os seus deveres perante o condomínio poderá, por deliberação de três quartos dos condôminos restantes, ser constrangido a pagar multa correspondente até ao quíntuplo do valor atribuído à contribuição para as despesas condominiais, conforme a gravidade das faltas e a reiteração, independentemente das perdas e danos que se apurem.
>
> Parágrafo único. O condômino ou possuidor que, por seu reiterado comportamento antissocial, gerar incompatibilidade de convivência com os demais condôminos ou possuidores, poderá ser constrangido a pagar multa correspondente ao décuplo do valor atribuído à contribuição para as despesas condominiais, até ulterior deliberação da assembleia.

---

3. TJ/SP, Ap. Cível 846.178-0/0 – 24.08.06.
4. TJ/RS, processo 700013511514, 13.02.2007.
5. A frase é dita no contexto da época da unificação italiana em que o Reino de Nápoles e das Duas Sicílias seria incorporado à Itália acabando com a dinastia dos Bourbons, já que a família dominante no Piemonte (Savóia) assumiria o trono italiano.

APRESENTAÇÃO **XIX**

É verdade que não há qualquer menção à restrição no uso do bem pelo condômino considerado antissocial. Há, sim, punição pecuniária a ser paga por ele. Não há no texto da lei nada a indicar a imposição de restrições ou a possibilidade de a popularmente chamada "expulsão do condômino nocivo". O texto de lei permite ao Síndico aplicar a multa correspondente a 10 vezes o valor da taxa condominial que deve ser confirmada pela assembleia (daí a locução "até ulterior deliberação"). A ulterior deliberação não poderia ser outra: confirmar ou afastar a multa imposta pelo Síndico.

Chega-se à conclusão não porque o direito de propriedade não sofra limitações ou restrições na atualidade. Ao contrário, sofre muitas, e talvez na História nunca tenha sofrido tantas. Veja-se a questão da altura dos prédios urbanos de acordo com o zoneamento. Chega-se à conclusão porque uma medida tão radical (proibir a entrada de alguém em seu próprio imóvel) exigiria clara e expressa previsão legal. Não caberia dar à maioria (assemblear) um poder tão grande por simples desdobramento da frase "até ulterior deliberação da assembleia".

Contudo, a doutrina se encantou pela ideia e tem sido essa a orientação de vários julgados sobre o tema. Não se trata de "expropriar" o imóvel, por óbvio. É uma medida que impede o uso da coisa pelo possuidor antissocial. Pode ele alugar, dar em comodato, permutar, vender, doar etc. Contudo, o uso lhe é negado. A fruição e a disposição seguem intactas.

E por que essa posição tem prevalecido? Porque na prática o condômino antissocial inviabiliza a vida em condomínio. Sua presença é tão nefasta que causa ódios e incômodos. É nessa situação que damos razão à famosa (e batida) frase de Sartre:[6] *"L'enfer, c'est les autres"*. Se realmente o inferno são os outros ou se somos nós mesmos que não conseguimos assumir nossas próprias culpas e responsabilidades e por isso responsabilizamos os outros, eu não saberia responder. Mas fato é que a orientação pragmática de "expulsar" o condômino nocivo tem suas vantagens. Da mesma forma, o direito de família já permite, há anos, o afastamento do lar conjugal daquele que põe em risco a integridade do cônjuge ou dos filhos.

Ao explicar a gênese do Direito de Propriedade, Daguano[7] lembra a tendência para a economia, que esse esforço suscitava. Preocupado em reduzir esforços futuros, o homem passou a reservar e a defender de terceiros sobras de que dispunha. Assim, também, procedem certos animais, notadamente o cão, ao esconder o osso, para dele se servir mais tarde. A economia resulta, então, de um sentimento mais vivo de senhorio. Desse modo, supõe, apareceu o sentimento de propriedade dos bens móveis.

---

6. Da peça Huis Clos, 1944.
7. Da obra de Darcy Bessone, Evolução da Propriedade.

Assim, entre nós e nossos antepassados há uma semelhança enorme: a economia de esforços. É por isso que prevalece a noção de restrição de uso do condômino antissocial. É mais fácil e econômico restringir o uso da coisa do que aplicar multas que podem ser pagas e portanto ineficazes. Economiza-se esforço ao se "expulsar" o condômino antissocial.

A obra que tenho a honra de apresentar é completa. O subtítulo "teoria e prática" confirma que após extensa explicação conceitual da questão, a melhor bibliografia sobre o tema, traz uma gama de exemplos práticos que dá cores ao livro e o insere no cotidiano da vida em condomínio.

Diria eu que o livro traz, em seu capítulo 3 um "manual da vida em condomínio" ou talvez, uma clara orientação daquilo que não pode ser feito sobre pena de configurar a antissocialidade. Como é atual, a questão da pandemia e dos riscos à saúde estão também presentes na obra.

Enfim, a obra nasce grande e ficará como referência de excelência sobre o tema nas bibliotecas nacionais e como *ratio decidendi* em muitos acórdãos.

Ganha o público com tão bela obra.

Do quente e muitíssimo chuvoso verão paulistano do ano de 2023.

José Fernando Simão

SUMÁRIO

PREFÁCIO IX

NOTA DO AUTOR XIII

APRESENTAÇÃO XVII

1. ASPECTOS GERAIS DO CONDOMÍNIO EDILÍCIO E DAS RELAÇÕES DE VIZINHANÇA 1

  1.1 O condomínio edilício e sua caracterização 1

      1.1.1 O elemento essencial para a caracterização do condomínio edilício: a comunhão de propriedades 10

  1.2 Natureza jurídica do condomínio edilício 15

      1.2.1 Pessoa jurídica 16

      1.2.2 Ente com personalidade jurídica restrita ou anômala 19

      1.2.3 Ente formal 20

  1.3 O direito de vizinhança e as relações condominiais 24

2. OS DIREITOS E DEVERES DOS CONDÔMINOS E POSSUIDORES, O ABUSO DO DIREITO DE PROPRIEDADE E DA POSSE CONDOMINIAL E A FUNCIONALIZAÇÃO DO EXERCÍCIO DESSES DIREITOS 31

  2.1 Os direitos e deveres dos condôminos e possuidores de unidades autônomas do condomínio edilício 31

      2.1.1 Direitos dos condôminos e possuidores 33

      2.1.2 Deveres dos condôminos e possuidores 42

  2.2 A funcionalização do direito de propriedade e da posse no condomínio edilício 52

  2.3 O abuso do direito do condômino e do possuidor 60

3. O REGIME JURÍDICO DO CONDÔMINO E DO POSSUIDOR ANTISSOCIAL 69

  3.1 A qualificação jurídica do condômino e do possuidor antissocial 69

3.2 As sanções aplicáveis ao condômino ou possuidor antissocial 78

    3.2.1 As sanções aplicáveis aos condôminos ou possuidores pelo descumprimento dos deveres legais 85

    3.2.2 As sanções aplicáveis aos condôminos ou possuidores nocivos e antissociais 92

    3.2.3 A suspensão ou privação temporária de uso e a exclusão do condômino ou possuidor antissocial 104

3.3 Casos práticos 112

    3.3.1 Anulação da penalidade pela inobservância do devido processo legal 112

    3.3.2 Desnecessidade da presença física de 3/4 (três-quartos) dos condôminos para a aplicação da sanção e desnecessidade de prévia tipificação da conduta antissocial na convenção 113

    3.3.3 Subsidiariedade da pena de exclusão. Necessidade de prévia aplicação da sanção prevista no art. 1.337, parágrafo único, do Código Civil 115

    3.3.4 Multiplicidade de violações ao sossego, à integridade física e moral e às regras do condomínio: festas frequentes, estacionamento irregular de veículo, agressões físicas e verbais e uso de drogas no ambiente condominial. Comportamento antissocial que autoriza a expulsão 115

    3.3.5 Acúmulo de lixo e sujeira na unidade com risco de incêndio. Comportamento antissocial que autoriza a exclusão 119

    3.3.6 Realização frequente de festas durante a pandemia. Possibilidade de exclusão do condômino pelo risco causado à vida e à saúde dos demais após a aplicação das sanções previstas no art. 1.337, parágrafo único, do Código Civil 120

    3.3.7 Realização frequente de festas durante a pandemia. Possibilidade de exclusão do condômino pelo risco causado à vida e à saúde dos demais independentemente de aplicação das sanções previstas no art. 1.337, parágrafo único, do Código Civil 120

    3.3.8 Aluguel de vagas de garagem a terceiros em contrariedade à vedação da convenção 122

    3.3.9 Condômino devedor contumaz. Familiares do condômino que frequentemente se comportavam de modo inadequado em violação aos direitos dos condôminos e possuidores 122

    3.3.10 Comportamento extremado que justifica a exclusão 123

REFERÊNCIAS 125

1
ASPECTOS GERAIS DO CONDOMÍNIO EDILÍCIO E DAS RELAÇÕES DE VIZINHANÇA

1.1 O CONDOMÍNIO EDILÍCIO E SUA CARACTERIZAÇÃO

Os problemas habitacionais são comuns nas zonas urbanas ao redor de todo o planeta. O crescimento populacional em progressão geométrica, associado ao pouco espaço para construções individuais e unifamiliares, bem como o elevado custo de manutenção de uma única unidade imobiliária em um terreno, tornou necessária a criação e a construção de edifícios que comportassem diversas residências, sob uma relação condominial, assim aproveitando melhor os espaços.

Mas, em que pese esse caráter inicial da idealização dos condomínios edilícios, atualmente essa estrutura não serve apenas às residências, pois abarca também as atividades econômico-empresariais que se amontoam em lojas e salas de escritórios dentro dos edifícios, formando verdadeiras populações em arranças-céus que se dividem em blocos, andares, corredores e portas. Tem-se, então, uma multiplicidade de relações.

Dessa multiplicidade decorre, também, uma complexidade. As relações condominiais são fundamentalmente complexas. Isso porque a convivência, dentro de um mesmo espaço, entre pessoas com hábitos, valores, princípios e rotinas diferentes pode ser equiparado a um barril de pólvora, cuja explosão é fácil, rápida e catastrófica. Se a convivência entre pessoas de uma mesma família, unidas por um laço consanguíneo, depende muitas vezes de malabarismos, como se andássemos em uma corda bamba ou pisássemos em ovos, não é difícil imaginar quão mais complexa é a situação em uma relação contígua, parede com parede, entre pessoas absolutamente desconhecidas e diferentes. Por essa razão, o condomínio edilício acabou apelidado por alguns, como pelo meu saudoso mestre Sylvio Capanema, de *condemônio*, por ser um foco interminável de conflitos.

A sensibilidade desses vínculos, que não são apenas jurídicos, mas sociais e principalmente humanos, já levou à produção de inúmeros trabalhos que visam enfrentar a grande variedade de problemas decorrentes da vida em condomínio. Mas poucos são aqueles que se debruçam sobre um problema de ainda difícil solução, que é o do condômino e o possuidor antissocial, que agrava ainda mais a tênue e sensível harmonia do ambiente condominial.

Nada obstante, antes de se estudar o regime jurídico aplicável ao condômino e ao possuidor antissocial, faz-se necessário analisar o ambiente em que eles estão inseridos, a saber, o condomínio edilício. Apenas compreendendo o que é o condomínio edilício será possível encontrar as soluções para os problemas envolvendo o condômino e o possuidor antissocial. E nada melhor do que começar pela sua definição, pois é a partir dela que passamos à análise dos desdobramentos necessários à sua perfeita compreensão.

A identificação de todo e qualquer instituto jurídico passa, primeiro e obrigatoriamente, pelo estudo de seu conceito. Por essa razão, não se poderia fazer diferente em nosso estudo.

Primeiramente, devemos observar que o conceito jurídico de um instituto é obra do intérprete, da doutrina, não competindo à lei fazê-lo, embora muitas vezes o faça. E não deve, preferencialmente, o legislador definir os institutos jurídicos porque isso levaria a um engessamento, impedindo as evoluções sociais que todo instituto jurídico passa. Por isso, deve o intérprete e o operador do Direito conceituar os institutos, e assim definir as suas características, seus limites e suas finalidades, permitindo a sua aplicação concreta às situações que se apresentam, de modo a possibilitar, com o seu exame, a solução de inúmeras controvérsias.

No que toca ao condomínio edilício, apesar da vasta doutrina acerca do tema, é possível constatar que o conceito apresentado pela multiplicidade de autores gravita em torno dos mesmos aspectos e características fundamentais dessa modalidade especial de condomínio. Isso se explica, naturalmente, pelo tratamento dado pelo legislador, que no Código Civil de 2002 apresentou uma definição legal de condomínio a partir dos seus elementos básicos.

Nesse sentido, o art. 1.331 do Código Civil nos apresenta um conceito de condomínio edilício, o que, de certo modo, facilita e orienta o trabalho do intérprete e do operador do Direito. Segundo o mencionado dispositivo, que inaugura o Capítulo do condomínio edilício no Código Civil, "pode haver, em edificações, partes que são propriedade exclusiva, e partes que são propriedade comum dos condôminos".

Então, o condomínio edilício, segundo o legislador, é aquele que se estabelece em edificações, dividindo-se em partes de propriedade exclusiva dos condôminos, e outras de propriedade comum deles.

1 • ASPECTOS GERAIS DO CONDOMÍNIO EDILÍCIO E DAS RELAÇÕES DE VIZINHANÇA

Pelo que se vê, a lei, ao definir o condomínio edilício, entendeu ser necessário destacar aquela que é a sua principal característica: a sua divisão em partes exclusivas e partes comuns. Trata-se, pois, de uma definição simples e objetiva, que bem apresenta o instituto. Sem prejuízo, alguns outros elementos poderiam ter sido inseridos, de modo a defini-lo com maior completude, razão pela qual podemos perceber que o conceito legal não é exauriente e, portanto, de todo definitivo.

É por essas e outras razões que se diz que não cabe ao legislador estabelecer definições, pois a conceituação é obra dos operadores do Direito, de modo a não engessar e criar obstáculos à evolução dos institutos jurídicos, na medida em que a sociedade se transforma e as relações sofrem inequívocas mutações.

Assim, revela-se mais importante trazer os conceitos firmados pela doutrina, através dos quais poderemos aprofundar o exame desta modalidade especial de condomínio, sem prejuízo de reconhecermos que há vozes que se limitam a trazer a definição legal de condomínio edilício, o que não é, obviamente, equivocado, haja vista que o legislador trouxe um conceito a partir daquela que é, acertadamente, a sua principal característica.

E, como se pode observar da lição do saudoso Professor Caio Mário da Silva Pereira, é sob essa perspectiva, e característica, que se deve iniciar todo e qualquer conceito de condomínio edilício. Vejamos o que diz o professor mineiro:[1]

> O proprietário de uma unidade no edifício coletivo somente tem a possibilidade material e jurídica de sua utilização se ao mesmo tempo lhe é assegurada a das partes comuns. Daí resulta que o conceito do condomínio edilício há de se assentar na reunião orgânica e indissolúvel da propriedade exclusiva, incidente sobre a unidade, e o condomínio sobre as partes e coisas comuns (Clóvis Beviláqua, Carlos Maximiliano, Eduardo Espínola, Ricardo Amati, Ruggiero e Maroi, Ludovico Barassi, Hector Lafaille, Raymundo Salvat, Peretti Griva, HernánRaciatti).

Portanto, e como é possível perceber, partiu-se daquela característica principal para se definir o condomínio edilício, o que, como já observamos, não é nem de longe equivocada, uma vez que todo e qualquer conceito que traga essa característica definiu, de bom modo, essa espécie condominial, embora, a nosso sentir, pareça insuficiente.

Com a mesma objetividade também caminhou Carlos Roberto Gonçalves, cuja preocupação, quando da definição do condomínio edilício, foi destacar aquela que é a característica fundamental do instituto. Segundo o autor, "carac-

---

1. PEREIRA, Caio Mário da Silva. *Instituições de direito civil*: direitos reais. 18. ed. Rio de Janeiro: Forense, 2004, p. 185. v. IV.

teriza-se o condomínio edilício pela apresentação de uma propriedade comum ao lado de uma propriedade privada".[2]

De igual modo assim também o faz Luiz Antonio Scavone Junior, para quem o "condomínio edilício é definido como o conjunto de propriedades exclusivas em uma edificação considerada unitária, com áreas comuns que se vinculam às unidades autônomas (apartamentos, escritórios, lojas, casas, garagens etc.)".[3]

No entanto, há na doutrina quem não se limite a apresentar essas características, como é o caso, por exemplo, de Paulo Nader. Segundo ele, "condomínio edilício, tratado também por *horizontal, especial, em edifícios, de edificações*, é o que se forma em prédios que apresentam partes autônomas, de domínio exclusivo, e outras de uso e propriedade comum".[4]

Em princípio, o conceito apresentado pode parecer idêntico àquele positivado na lei civil, no qual se identificam as propriedades exclusivas e a propriedade comum, e que foi reproduzido por outros autores. No entanto, traz ele, em destaque, outra relevante característica do condomínio edilício: o direito de propriedade dos condôminos se estabelece em plano horizontal, "pois as titularidades se fazem por andar ou fração de andar".[5] Assim, na visão do autor, o condomínio edilício é aquele composto por propriedades exclusivas e uma propriedade comum, cujas titularidades se fazem por andar ou fração de andar.

Já para Maria Helena Diniz, o que define o condomínio edilício é ser ele resultado de uma edificação: "Ensina-nos Miguel Reale (*Exposição de Motivos*) que se trata de um condomínio constituído como resultado de um ato de edificação, sendo, por essa razão, denominado *edilício*".[6]

Por fim, na lição de Álvaro Villaça Azevedo, é preciso observar que "esse condomínio de imóveis divididos em apartamentos é de natureza especial, constituindo uma comunhão *pro indiviso*, também denominada propriedade horizontal".[7] Portanto, segundo o emérito professor da USP, o que caracteriza fundamentalmente o condomínio edilício é a sua divisão em apartamento, constituindo uma comunhão indivisível.

---

2. GONÇALVES, Carlos Roberto. *Direito civil brasileiro*: direito das coisas. 10. ed. São Paulo: Saraiva, 2015, v. 5, p. 400.

3. SCAVONE JUNIOR, Luiz Antonio. *Direito imobiliário*: teoria e prática. 8. ed. Rio de Janeiro: Forense, 2014, p. 739.

4. NADER, Paulo. *Curso de direito civil*: direito das coisas. 4. ed. Rio de Janeiro: Forense, 2010, v. 4, p. 233.

5. NADER, Paulo. *Curso de direito civil*: direito das coisas. 4. ed. Rio de Janeiro: Forense, 2010, p. 233.

6. DINIZ, Maria Helena. *Curso de direito civil brasileiro*: direito das coisas. v. 4. 30. ed. São Paulo: Saraiva, 2015, v. 4, p. 252-253.

7. AZEVEDO, Álvaro Villaça. *Curso de direito civil*: direito das coisas. São Paulo: Atlas, 2014, p. 87.

Sem prejuízo dos conceitos apresentados por relevantíssima parcela da doutrina, pensamos que na definição do condomínio edilício também é preciso apresentar outros aspectos, não se limitando àqueles.

Primeiro, o condomínio edilício é espécie de condomínio especial. A lei civil classifica os condomínios em duas grandes espécies: condomínio geral e condomínio especial. Na primeira espécie temos o condomínio voluntário e o condomínio necessário, enquanto na segunda temos o condomínio edilício, o condomínio em lotes e o condomínio em multipropriedade.

O condomínio geral é assim classificado porque guarda a característica fundamental de toda relação condominial, a saber, a cotitularidade de uma coisa comum. Esse é o elemento caracterizador do condomínio, isto é, o condomínio se caracteriza fundamentalmente pelo fato de que duas ou mais pessoas exercem o domínio sobre uma mesma coisa.

Sobre essa questão é preciso observar, como bem explicitam Carlos Elias de Oliveira e João Costa-Neto, que o ordenamento jurídico brasileiro não seguiu a orientação do direito germânico da *mancomunhão*, em que os condôminos titularizam, conjuntamente, a integralidade da coisa. No Brasil seguimos a regra do direito romano em que duas ou mais pessoas titularizam partes, frações ou quinhões de uma mesma coisa.[8]

Sem prejuízo, no condomínio geral tem-se esse elemento caracterizador, o qual se difere, em parte, do condomínio edilício. O condomínio edilício não se caracteriza, como já pudemos observar, pela simples cotitularidade.

Em verdade, e como veremos adiante, o condomínio edilício se caracteriza por uma complexidade de relações, na medida em que coexistem direitos de propriedade exercidos de duas formas: exclusiva e comum.[9]

Assim, no condomínio edilício tem-se a condominialidade, propriamente dita, sobre as partes comuns, em que todos os condôminos a titularizam, de modo que se aplicam às relações provenientes dessa cotitularidade as disposições legais do condomínio edilício e, na sua omissão, as disposições atinentes ao condomínio geral.

Mas, para além da cotitularidade das partes comuns, há uma propriedade que caminha ao lado desta, que é aquela exercida exclusivamente por cada con-

---

8. OLIVEIRA, Carlos E. Elias de; COSTA-NETO, João. *Direito civil*: volume único. Rio de Janeiro: Método, 2022, p. 958.
9. Nesse sentido, destaca Guilherme Calmon Nogueira da Gama, ao tratar da natureza jurídica do condomínio edilício, que ele "não é apenas propriedade individual, tampouco somente condomínio, mas sim os dois institutos reunidos na mesma pessoa" (GAMA, Guilherme Calmon Nogueira da. *Direitos reais*. São Paulo: Atlas, 2011, p. 397).

dômino sobre sua unidade autônoma, fazendo subsistir, sob este aspecto, não propriamente uma relação condominial pura, mas uma relação de vizinhança entre os diversos condôminos-vizinhos, de modo que se aplicarão às relações proveniente dessas múltiplas propriedades exclusivas o regime do condomínio edilício e, na sua omissão, as regras do direito de vizinhança. Nesse sentido, vale transcrever as preciosas lições de Sílvio de Salvo Venosa:[10]

> No condomínio regulado por ambas as leis, em sua natureza jurídica, existe nítida e distinta duplicidade de direitos reais. O direito de propriedade da unidade autônoma, que o *ius utendi, fruendi et abutendi* é o mais amplo possível, como na propriedade em geral, sofre restrições de vizinhança impostas pela convivência material da coisa, em planos horizontais. Não se distingue muito do direito de propriedade ortodoxo que também sofre restrições de uso e gozo, tendo em vista os direitos de vizinhança em geral, as normas edilícias e os princípios do abuso de direito.
>
> O direito de usar da unidade autônoma encontra limites apenas nos princípios de ordem natural de vizinhança, de um lado, e de outro nos ordenamentos particulares do condomínio. À margem desse direito, em quase tudo igual à propriedade exclusiva individual, coloca-se, portanto, a disciplina dirigida às partes comuns do edifício. Nesse aspecto, existe efetivamente condomínio. Os titulares de unidades condominiais são comproprietários de fração ideal de terreno e das partes de uso comum. Por essa razão, no que for omissa a lei condominial específica, devem ser chamadas à colação interpretativa as normas sobre o condomínio em geral do Código Civil.

Note-se, ainda, que há no condomínio edilício a possibilidade de ocorrer uma situação excepcional em que sequer haverá a existência de cotitularidade, como nos casos em que uma mesma pessoa é titular da totalidade das unidades autônomas. Mesmo em tais casos não se terá a extinção do condomínio.

Sobre essa última questão, é preciso destacar que, regra geral, a extinção do condomínio geral se dá pela divisão física da coisa entre os condôminos ou pela consolidação da propriedade exclusiva nas mãos de um deles ou de terceiro. Então, a extinção do condomínio ocorrerá com a cessação do estado de cotitularidade.

Nada obstante, nos condomínios edilícios não é incomum que uma única pessoa concentre a propriedade de todas as unidades autônomas em seu patrimônio jurídico e, consequentemente, seja titular, exclusivamente, das partes comuns. Veja-se, por exemplo, a hipótese de uma pessoa que edifique um prédio de poucos andares, constitua um condomínio, e dê as unidades em comodato ou locação para seus familiares residirem. Ter-se-á, neste caso, uma única pessoa titularizando todo o condomínio.

---

10. VENOSA, Sílvio de Salvo. *Direito civil*: reais. 22. ed. São Paulo: Atlas, 2022, v. 4, p. 318-319.

Mesmo diante de uma situação como essa, não se terá a extinção do condomínio edilício. A subsistência das unidades autônomas, com registro e matrículas próprias, convivendo com as coisas comuns, assegura a existência desse condomínio especial, pois é assim que ele se constitui.[11] Daí se infere, portanto, a especialidade dessa espécie condominial.

Além deste aspecto que, como vimos, é relevantíssimo, também entendemos essencial na definição do condomínio edilício explicitar que a sua instituição pode se dar por ato *inter vivos* ou *mortis causa*, além de que sua constituição e produção de efeitos perante terceiros se opera, formalmente, pela elaboração e registro de uma Convenção, o que, entretanto, não lhe confere personalidade jurídica, questão esta controvertida e que examinaremos no item 1.2 deste Capítulo, voltado à análise de sua natureza jurídica.

Assim, vistas todas essas questões, já podemos conceituar, segundo nosso entendimento, o condomínio edilício.

Condomínio edilício é o condomínio especial caracterizado pela comunhão indivisível de propriedades comuns e exclusivas, estabelecidas em plano horizontal, instituído por ato *inter vivos* ou *mortis causa*, e regulado por uma convenção cuja produção de efeitos perante terceiros depende de registro.

Firmado o conceito, dele podemos depreender alguns aspectos que merecem nossa atenção, como a da já mencionada característica da comunhão entre propriedade comum e as propriedades exclusivas dos condôminos exercidas sobre as unidades autônomas, o que faremos no item 1.1.1 deste Capítulo.

Mas antes disso, e ainda na análise do conceito, algumas questões precisam ser enfrentadas, dada a sua importância não apenas dogmática, mas especialmente prática.

Como vimos do conceito, o condomínio edilício se institui por ato entre vivos ou por causa da morte, por meio de registro do respectivo documento de instituição no Cartório de Registro de Imóveis, consoante disposição do art. 1.332 do Código Civil,[12] e deve conter a discriminação das partes comuns e das unidades autônomas, bem como a individualização destas, inclusive com a deter-

---

11. No mesmo sentido, OLIVEIRA, Carlos E. Elias de; COSTA-NETO, João. *Direito civil*: volume único. Rio de Janeiro: Método, 2022, p. 957.
12. Art. 1.332. Institui-se o condomínio edilício por ato entre vivos ou testamento, registrado no Cartório de Registro de Imóveis, devendo constar daquele ato, além do disposto em lei especial: I – a discriminação e individualização das unidades de propriedade exclusiva, estremadas uma das outras e das partes comuns; II – a determinação da fração ideal atribuída a cada unidade, relativamente ao terreno e partes comuns; III – o fim a que as unidades se destinam.

minação de cada fração ideal, assim como os fins a que se destinam as unidades, se residenciais, comerciais ou mistas.

Esse ato institucional, é bom se frisar, não se confunde com a Convenção do condomínio que regula as relações entre os condôminos, e que traz não apenas os elementos estruturantes do condomínio, mas os direitos e deveres dos condôminos, além de outros aspectos gerais atinentes ao condomínio e às relações condominiais.

Sobre essa diferença, é muito comum vermos não apenas na doutrina, mas na prática imobiliária, essa confusão entre a instituição do condomínio e o instrumento da Convenção, a qual o Código Civil afirma ser o ato de *constituição*. Mas o ato institucional não se confunde, propriamente, com ela. Muito pelo contrário, não é incomum termos condomínios instituídos sem que se tenha a elaboração de uma Convenção. Desse modo, as figuras da instituição e constituição do condomínio, embora pareçam sinonímicas, são diferentes, e por isso são tratadas com sentido distinto no Código Civil. Sobre essa questão, elucidativa é a lição de Silvio Rodrigues:[13]

> Na constituição do condomínio edilício, é mister considerar três atos: o ato de instituição, ou instalação (Lei 4.591/64, art. 7º), a Convenção de Condomínio e o Regimento Interno, ou Regulamento (art. 9º).
>
> O ato de instituição é o ato inicial, aquele pelo qual se constitui propriamente o condomínio. A Convenção e o Regulamento são atos que já o supõem existente, servindo para regulá-lo em sua existência.

A instituição do condomínio, como visto, se dá por ato entre vivos ou pela morte, por meio de um documento, um título constitutivo, registrado no Cartório de Registro de Imóveis, como se infere do disposto no art. 167, I, "17" da Lei 6.015/1973. O referido dispositivo prevê que no Registro de Imóveis, além da matrícula, faz-se o registro "das incorporações, *instituições e convenções* de condomínio" (grifamos), a evidenciar que a instituição e a Convenção são atos distintos, de modo que a instituição não se dá por meio da Convenção, que pode ser elaborada e registrada em outro momento e em separado do ato institucional.

Na instituição por ato *inter vivos*, uma ou mais pessoas (no primeiro caso, por exemplo, um incorporador, e no segundo caso, também por exemplo, em uma construção por administração) decidem por edificar um prédio ou diversas casas sobre um terreno, estabelecendo e discriminando as partes comuns e aquelas exclusivas em um documento que será levado a registro. Em contrapartida, a instituição pela morte é aquela que se dá por testamento, o que decorre,

---

13. RODRIGUES, Silvio. *Direito civil*: direito das coisas. 28. ed. São Paulo: Saraiva, 2009, v. 5, p. 213.

1 • ASPECTOS GERAIS DO CONDOMÍNIO EDILÍCIO E DAS RELAÇÕES DE VIZINHANÇA

necessariamente, da vontade de uma só pessoa, o testador, que estabelece as partes comuns e aquelas exclusivas do condomínio. Registrado o ato, contendo os elementos exigidos pelo art. 1.332 do Código Civil, tem-se a instituição do condomínio.

Já a Convenção, que consoante disposição do art. 1.333 do Código Civil *constitui* o condomínio,[14] é, em verdade, o ato de vontade do incorporador, do construtor ou dos condôminos com o fim de regulamentar não apenas a estrutura do condomínio, mas principalmente as relações condominiais de um modo geral.[15] Trata-se de espécie de contrato-normativo, consubstanciando-se na *lei do condomínio*, fruto da vontade das partes, com o fim de estabelecer as regras que irão reger as relações condominiais. Nesse sentido, assim esclarece Flávio Tartuce:[16]

> No que concerne à *convenção de condomínio*, essa constitui o *estatuto coletivo* que regula os interesses das partes, havendo um típico negócio jurídico decorrente do exercício da autonomia privada.

A Convenção é, portanto, um elemento importante na vida do condomínio, embora não seja, contudo, obrigatória para a existência dele. Como vimos anteriormente, não são incomuns os casos em que condomínios são instituídos e existem sem a elaboração de uma Convenção, caso em que serão regidos exclusivamente pelo Código Civil e pela Lei 4.591/1964, esta última nas hipóteses em que não conflitar com o diploma civil.

Questão relevante diz respeito ao registro da Convenção. Em que pese não ser obrigatório, o registro da Convenção é imprescindível, pois é a partir dele que o contrato-normativo do condomínio se torna oponível perante terceiros, conforme prevê o parágrafo único do art. 1.333 do Código Civil.

A ausência de registro, contudo, não a invalida. A Convenção não registrada é eficaz perante os condôminos, de modo que eles estarão vinculados a ela, obrigando-se ao seu cumprimento. Nesse sentido é a orientação do enunciado 260 da súmula de jurisprudência do Superior Tribunal de Justiça, segundo a qual "A

---

14. Art. 1.333. A convenção que constitui o condomínio edilício deve ser subscrita pelos titulares de, no mínimo, dois terços das frações ideais e torna-se, desde logo, obrigatória para os titulares de direito sobre as unidades, ou para quantos sobre elas tenham posse ou detenção.

15. Consoante o disposto no art. 9º da Lei 4.591/1964, "Os proprietários, promitentes compradores, cessionários ou promitentes cessionários dos direitos pertinentes à aquisição de unidades autônomas, em edificações a serem construídas, em construção ou já construídas, elaborarão, por escrito, a Convenção de condomínio, e deverão, também, por contrato ou por deliberação em assembleia, aprovar o Regimento Interno da edificação ou conjunto de edificações".

16. TARTUCE, Flávio. *Manual de direito civil*: volume único. 11. ed. Rio de Janeiro: Método, 2021, p. 1.015.

convenção de condomínio aprovada, ainda que sem registro, é eficaz para regular as relações entre os condôminos".

Portanto a convenção não registrada é plenamente válida e eficaz perante os condôminos, apenas não produzindo efeitos em relação aos terceiros.

Assim, feitas essas observações, importa-nos retomar o tema da comunhão de propriedades no condomínio edilício, característica essa que o singulariza na ideia geral de condomínio, e que faremos no subitem a seguir.

1.1.1 O elemento essencial para a caracterização do condomínio edilício: a comunhão de propriedades

Como observamos anteriormente, o condomínio edilício, ou em plano horizontal, é uma espécie peculiar de condomínio, com características próprias, justificando, assim, uma análise em separado.

No entanto, antes de se enfrentar essa questão, necessário se faz aprofundar a questão atinente à figura do condomínio geral, de modo a diferenciá-lo do condomínio edilício, o que é importante para a compreensão dos elementos caracterizadores do condomínio edilício.

Primeiramente, a noção de condomínio se revela particular e excepcional. Isso porque, tradicionalmente, a ideia de propriedade se liga à noção de exercício exclusivo do direito por um único indivíduo, de modo que o domínio sobre a coisa é exercido sobre um único sujeito.

Quando se fala, pois, em direito de propriedade, tem-se a percepção de titularidade exclusiva da coisa, pois aquele que é proprietário ou senhor de algo tem o poder de opor o seu direito em face de todas as demais pessoas, assim exercendo plenamente o seu direito.

Em contrapartida, quando se examina a figura do condomínio, parte-se da compreensão de que há uma comunhão de interesses e direitos, em que duas ou mais pessoas exercerão, igualmente, o senhorio sobre a coisa.

Nesse sentido, vale transcrever a lição do saudoso mestre Caio Mario da Silva Pereira:[17]

> A noção tradicional de propriedade liga-se à ideia de assenhoramento de uma coisa com exclusão de qualquer outro sujeito. A de condomínio compreende o exercício do direito dominial por mais de um dono, simultaneamente. Ocorre, assim, como que a contradição entre duas noções: propriedade que é exclusiva e exclusivista, e condomínio que assenta na comunidade de direitos.

---

17. PEREIRA, Caio Mário da Silva. *Instituições de direito civil*: direitos reais. 18. ed. Rio de Janeiro: Forense, 2004, p. 175. v. IV.

Assim, no condomínio geral há uma cotitularidade da coisa, de modo que duas ou mais pessoas exercem o domínio sobre ela, ainda que nos limites da fração ideal titularizada por cada um. Como consequência, e porque todos são titulares do direito de propriedade, podem defendê-la contra quem a viole, assim como a posse, que pode ser exercida por todos os titulares, e também defendida contra ameaças, turbações e esbulhos de terceiros.

Mas essa condição de copropriedade traz inúmeros problemas. O exercício conjunto da propriedade e, consequentemente, a comunhão traz uma infinidade de conflituosidades, dada a inequívoca dificuldade de se comungar interesses entre pessoas, muitas vezes, totalmente diferentes.

Os anseios, os desejos e os planos das pessoas são, em regra, distintos, e isso se reflete no seu senhorio sobre as coisas. Cada um quer exercer as faculdades inerentes à propriedade segundo suas conveniências e interesses, o que, obviamente, gera conflitos.

Por isso, a relação condominial e, consequentemente, o estado de comunhão e indivisão da coisa devem ser sempre transitórios e excepcionais, pensamento esse que se reflete, exemplificativamente, no direito potestativo do condômino de, no condomínio ordinário, extinguir a situação de condominialidade pela divisão da coisa,[18] como bem destacam Cristiano Chaves de Farias e Nelson Rosenvald:[19]

> Aconselha-se que o estado de indivisão seja provisório. Comumente, o condomínio converte-se em manancial de discórdias, sendo socialmente adequado evitar os conflitos que provoca. Daí o legislador privilegiar a sua extinção, por intermédio do direito potestativo de qualquer dos condôminos de exigir a divisão da coisa comum – mesmo que o cotitular tenha fração minoritária e independentemente da anuência da maioria –, por meio de negócio jurídico ou pela via judicial, em caso de resistência por um ou mais titulares.

Assim, o legislador assegura aos condôminos, regra geral, pôr fim ao estado condominial, prestigiando, assim, a paz social.

No condomínio edilício, contudo, a situação é distinta. Ao examinarmos as suas características, podemos perceber peculiaridades que o tornam, de fato, particular e especial em relação à ideia de condomínio, bem como à noção comum de propriedade.

---

18. Nesse sentido é o disposto no art. 1.320 do Código Civil, segundo o qual "A todo tempo será lícito ao condômino exigir a divisão da coisa comum, respondendo o quinhão de cada um pela sua parte nas despesas da divisão".
19. FARIAS, Cristiano Chaves de; ROSENVALD, Nelson. *Curso de direito civil*: reais. 15. ed. Salvador: JusPodvim, 2019, v. 5, p. 778-779.

O condomínio edilício, como vimos, está definido no art. 1.331 do Código Civil, o qual prevê que "pode haver, em edificações, partes que são propriedade exclusiva, e partes que são propriedade comum dos condôminos".

Uma leitura desatenta do dispositivo poderia, em princípio, não revelar aquilo que torna o condomínio edilício absolutamente distinto da noção de condomínio *lato sensu*. No entanto, quando se lê atentamente a redação do texto legal, infere-se algo que pode parecer estarrecedor para alguns, pois no condomínio edilício há duas espécies de propriedade: uma exclusiva e outra comum.

Daí se extrai aquela que é a principal e essencial característica identificadora deste instituto, qual seja, o fato de coexistirem duas propriedades, a saber, a comum a todos os condôminos, sobre a qual há, de fato, um estado de comunhão e indivisão, e a exclusiva, representada pelas unidades autônomas titularizadas pelos condôminos.

Nesta comunhão de propriedades, cada condômino terá uma fração ideal do solo e a sua unidade exclusiva fica umbilicalmente ligada a essa fração ideal. Portanto, cada fração ideal do solo corresponderá a uma unidade autônoma. E a fração ideal do solo e a unidade autônoma não podem ser separadas, não podem ser alienadas separadamente.

Isso porque é da essência do condomínio edilício o fato de ser ele constituído por partes que são de propriedade comum de todos os condôminos, e partes que são exclusivas de determinado cotitular ou cotitulares (na medida em que duas ou mais pessoas poderão ser proprietárias de uma unidade autônoma, caso em que haverá um condomínio ordinário entre elas), as quais são indissociáveis, como prevê o § 3º do art. 1.331 do Código Civil.[20]

Isto quer dizer que o condômino é, necessariamente, proprietário de parte exclusiva, sobre a qual exerce exclusivamente o seu direito de propriedade, inclusive oponível contra os demais condôminos, e coproprietário das partes que são comuns a todos, sobre as quais todos os condôminos exercerão, igualmente e de modo pleno, o direito de propriedade.

Há que se observar, nessa questão, que muito embora a característica do condomínio edilício se extraia da previsão do artigo 1.331, a expressão *pode haver,* contida em seu *caput,* gera dúvidas, visto que pode fazer crer que no condomínio edilício não necessariamente existirão partes de propriedade comum e partes de propriedade exclusiva. Tal interpretação, contudo, é absolutamente equivocada.

---

20. Art. 1.331. [...] § 3º A cada unidade imobiliária caberá, como parte inseparável, uma fração ideal no solo e nas outras partes comuns, que será identificada em forma decimal ou ordinária no instrumento de instituição do condomínio.

Em verdade, não se admite no condomínio edilício a hipótese de existir apenas uma propriedade comum ou apenas propriedades exclusivas, pois as havendo se teria uma inequívoca descaracterização do condomínio edilício, tornando-o comum, ou se afastaria por completo a própria ideia de condomínio, caso se admitisse apenas uma propriedade exclusiva titularizada individualmente por cada "condômino".

Nada obstante, este equívoco na redação legal é muito bem explicado por Caio Mário da Silva Pereira,[21] senão vejamos:

> Na expressão "pode haver" insere-se uma faculdade, que teria como consequência a ideia oposta – "pode não haver". E esta seria a negação do edifício coletivo, tendo em vista que, se não houver partes comuns conjugadas com a propriedade exclusiva incidente na unidade autônoma, negar-se-á o condomínio especial do edifício coletivo.

E complementa com a seguinte conclusão:

> A única interpretação coerente que se pode atribuir ao dispositivo, que permite conciliá-lo com a noção de condomínio edilício, é a de que, havendo partes exclusivas e partes comuns, estaremos sempre diante do condomínio edilício, seja um edifício ou um conjunto de casas, enquanto, existindo apenas partes exclusivas, não haverá condomínio algum.

Então, e em verdade, o que o legislador quer dizer é que pode haver condomínios em que haja propriedade comum e unidades autônomas. Assim ocorrendo, este condomínio não será um condomínio comum, ordinário, mas sim um condomínio edilício. Está o legislador, portanto, reforçando a ideia de especialidade do condomínio edilício, e não facultando a sua constituição com uma, ou outra, característica.

Desta forma, verifica-se que é imprescindível para caracterização do condomínio edilício a existência de partes de propriedade comum e partes de propriedade exclusiva.

Ultrapassada a questão da definição desta principal característica do condomínio edilício, importa-nos destacar que o próprio artigo 1.331, em seus parágrafos,[22] prevê a relação, exemplificativa, do que vem a ser parte comum e parte exclusiva.

---

21. PEREIRA, Caio Mário da Silva. *Condomínio e incorporações*. 12. ed. Rio de Janeiro: Forense, 2015, p. 67.
22. CC, Art. 1.331. Pode haver, em edificações, partes que são propriedade exclusiva, e partes que são propriedade comum dos condôminos. § 1º As partes suscetíveis de utilização independente, tais como apartamentos, escritórios, salas, lojas e sobrelojas, com as respectivas frações ideais no solo e nas outras partes comuns, sujeitam-se a propriedade exclusiva, podendo ser alienadas e gravadas livremente por seus proprietários, exceto os abrigos para veículos, que não poderão ser alienados ou alugados a pessoas estranhas ao condomínio, salvo autorização expressa na convenção de condomínio. § 2º O

Da leitura dos dois primeiros parágrafos é possível constatar que os condôminos possuem o direito de dispor de sua unidade autônoma, mas não podem dispor das partes comuns, apesar de coproprietários destas, exatamente pelo fato de não serem os únicos donos, sendo, portanto, áreas indivisíveis e inalienáveis pela individualidade de cada condômino.

Em relação às áreas comuns, sua utilização poderá ser feita conjuntamente pelos coproprietários, rateando-se entre todos os cotitulares as despesas ou, excepcionalmente, de forma exclusiva, desde que com prévia autorização, o que lhe acarretará o ônus de custear sua manutenção.[23]

Além das áreas relacionadas nos parágrafos do artigo 1.331 do Código Civil, outros espaços poderão ser considerados comuns, dependendo do caso concreto, o que poderá ser objeto de regulação na Convenção do Condomínio.

Assim, a propriedade de uso exclusivo é diferenciada pela fração ideal constante no Registro de Imóveis, pois cada condômino, na compra de sua unidade autônoma, adquire, além desta, também as áreas comuns.

Conclui-se, portanto, que o condomínio edilício será formado, sempre, por partes de propriedade comum e partes de propriedade exclusiva umbilicalmente atreladas, e, por essa razão, aquelas são indivisíveis e inalienáveis separadamente destas.

E é exatamente dessa comunhão de propriedades que faz nascer os problemas de convivência, notadamente aqueles objetos de análise nesta obra, isto é, dos condôminos e dos possuidores antissociais. A coexistência de vários titulares, que comungam de áreas comuns, mas especialmente que titularizam com exclusividade unidades autônomas, faz com que os indivíduos acreditem, muitas vezes, que têm mais direitos do que realmente possuem.

Pelo fato de serem proprietários, pensam que podem exercer as suas faculdades do modo que bem entenderem, uma vez que são donos. E o dono, em uma noção geral e leiga, pode tudo. Não é incomum ouvirmos, em Assembleias de condomínio e em audiências de processos judiciais, em que se discutem as relações

---

solo, a estrutura do prédio, o telhado, a rede geral de distribuição de água, esgoto, gás e eletricidade, a calefação e refrigeração centrais, e as demais partes comuns, inclusive o acesso ao logradouro público, são utilizados em comum pelos condôminos, não podendo ser alienados separadamente, ou divididos. § 3º A cada unidade imobiliária caberá, como parte inseparável, uma fração ideal no solo e nas outras partes comuns, que será identificada em forma decimal ou ordinária no instrumento de instituição do condomínio. § 4º Nenhuma unidade imobiliária pode ser privada do acesso ao logradouro público. § 5º O terraço de cobertura é parte comum, salvo disposição contrária da escritura de constituição do condomínio.

23. A previsão do custeio da manutenção das áreas comuns de uso exclusivo está no artigo 1.340 do Código Civil e será aprofundada em tópico posterior.

no âmbito do condomínio edilício, um condômino afirmar, quando questionado acerca de uma conduta, que "eu sou dono, pago o condomínio, então eu posso".

É a partir desse sentimento pessoal do condômino que nascem os problemas. Esquecem-se que no condomínio há uma copropriedade e direitos de vizinhança que devem ser respeitados.

A propriedade, como cediço, deve ser exercida segundo a função social, a boa-fé e os bons costumes, todos esses balizadores do exercício de direitos de modo não abusivo, na esteira do que prevê o art. 187 do Código Civil. Além disso, nesse exercício funcionalizado da propriedade, exige-se o respeito e a promoção dos valores e princípios fundamentais insculpidos na Constituição Federal, especialmente a dignidade da pessoa humana.

Não é esse, contudo, um sentimento enraizado no coração e nas mentes de todas as pessoas, e em particular de condôminos em condomínios edilícios. O individualismo ainda impera em nossa sociedade, a ponto de muitos ainda pensarem, de modo arcaico, que a condição de proprietário é absoluta, e que todos os demais devem tolerá-la de modo irrestrito.

Por isso, imprescindível é o exame dessas condutas e de suas consequências, a fim de que possamos estabelecer nortes seguros de interpretação e aplicação das normas jurídicas atinentes às relações no âmbito dos condomínios edilícios.

1.2 NATUREZA JURÍDICA DO CONDOMÍNIO EDILÍCIO

Questão não menos tormentosa no estudo dos condomínios edilícios é a da definição de sua natureza jurídica. Há décadas a doutrina vem debatendo sobre ela, digladiando-se em diversos entendimentos, que variam desde o reconhecimento dessa figura como uma pessoa jurídica, detentora de personalidade jurídica, até a sua absoluta negação como tal, considerando-o como um mero ente formal.

No nosso estudo, esta discussão também é relevantíssima, a fim de sabermos quem são os afetados pelas condutas do condômino e do possuidor antissocial e, logo, vítimas delas, e quem tem o direito de exigir sua cessação e a aplicação de sanções. A dúvida importante é se o próprio condomínio – caso seja reconhecido como uma pessoa – é a vítima, ou se são os condôminos, e a quem compete a defesa dos interesses, questão que apenas será respondida em definitivo em nosso Capítulo 3, quando examinarmos as figuras do condômino e do possuidor antissocial, e as penas aplicáveis.

Nada obstante, e sem prejuízo dessa discussão, é preciso relembrar, para a compreensão da natureza jurídica do condomínio edilício, que ele se estrutura de modo peculiar, possuindo unidades autônomas, cuja propriedade é exclusiva e particular dos condôminos, e áreas comuns, cuja propriedade é de todos.

Nessa esteira, ao estudarmos a natureza jurídica do condomínio edilício, buscamos entender se essa estrutura condominial especial e complexa pode, ou não, ser considerada uma pessoa, um sujeito de direitos e, como tal, apto a titularizar direitos e contrair deveres em nome próprio, ou se ela é uma mera figura representativa do conglomerado de condôminos, um ente formal ao qual a lei atribui personalidade apenas judiciária, podendo figurar em juízo na defesa dos seus interesses e, consequentemente, da coletividade que ele representa. A questão é, por óbvio, controvertida.

Antes, contudo, de apresentarmos a controvérsia, cumpre-nos informar que tramita na Câmara dos Deputados projeto de lei já aprovado no plenário do Senado que visa alterar o art. 44 do Código Civil para acrescentar, no rol de pessoas jurídicas, o condomínio edilício, além de acrescentar o art. 1.332-A ao Código Civil, no sentido de conferir personalidade jurídica ao condomínio edilício que venha a registrar no Registro Civil de Pessoas Jurídicas o seu ato de instituição, sua Convenção e a ata que registra sua constituição. A norma projetada também visa acrescer o inciso IV ao art. 114 da Lei 6.015/1973, a Lei de Registros Públicos, para dispor sobre o registro dos documentos para a constituição desta nova pessoa jurídica. Trata-se do PL 3.461/2019, de iniciativa do Senador Fernando Bezerra Coelho, que até a data da publicação desta edição ainda não havia sido votado na Câmara, de modo que a controvérsia doutrinária persiste. Vamos, pois, a ela.

1.2.1 Pessoa jurídica

Para uma primeira parcela da doutrina,[24] o condomínio é uma pessoa jurídica e, como tal, dotada de personalidade jurídica. Dessa forma, o condomínio edilício pode titularizar direitos e contrair deveres e, inclusive, figurar em juízo, em nome próprio, na defesa de seus próprios interesses.

Tal conclusão decorre de verdades práticas inexoráveis no âmbito dos condomínios. Isso porque ele "realiza atos jurídicos próprios da pessoa, como compra e venda, prestação de serviços, contrato de trabalho, adquirindo, portanto, direitos e deveres na ordem jurídica em nome próprio".[25]

Além disso, há em nosso ordenamento uma importante disposição legal que, no entender dos defensores dessa corrente de pensamento, evidenciaria de

---

24. Nesse sentido, por exemplo, Marco Aurélio Bezerra de Melo (MELO, Marco Aurélio Bezerra de. *Direito Civil*: coisas. 3. ed. Rio de Janeiro: Forense, 2019, p. 249).
25. MELO, Marco Aurélio Bezerra de. *Direito Civil*: coisas. 3. ed. Rio de Janeiro: Forense, 2019, p. 249.

modo inequívoco a condição de pessoa do condomínio edilício, que seria dotado, portanto, de personalidade jurídica. Trata-se do disposto no art. 63, § 3°, da Lei 4.591/64, a Lei de Condomínio e Incorporações, conhecida no meio jurídico como *Lei Caio Mário*, autor exclusivo de seu anteprojeto que foi aprovado pelo Congresso Nacional sem nenhuma emenda ou alteração.

O mencionado dispositivo trata do inadimplemento do adquirente de imóvel em construção (incorporação imobiliária), e da possibilidade de ser previsto no contrato que, vencidas 03 prestações sem o respectivo pagamento e, notificado o devedor da mora sem a respectiva purgação no prazo de 10 dias, ter-se-á por rescindido o vínculo. Com a rescisão, autoriza-se a alienação por leilão público da unidade do devedor, caso em que o condomínio, no prazo de 24 (vinte e quatro) horas após a realização do leilão final, e por decisão unânime da assembleia, terá preferência na aquisição do imóvel, caso em que será adjudicado ao condomínio.

Segundo os defensores dessa primeira corrente doutrinária, o legislador, ao prever a possibilidade de o condomínio adjudicar o imóvel em seu próprio nome, estaria reconhecendo a sua condição de pessoa, detentora de personalidade jurídica, constituindo-se como um sujeito de direitos apto a titularizar direitos, como o de propriedade.

Além dessa possibilidade prevista em lei, outras questões legais, e também práticas, levam à conclusão de que o condomínio edilício, de fato, ostentaria a condição de pessoa jurídica.

Veja-se, por exemplo, o disposto no art. 1.348, II, do Código Civil. O mencionado dispositivo, ao tratar das competências do síndico, prevê que ele deve "representar, ativa e passivamente, o condomínio, praticando, em juízo ou fora dele, os atos necessários à defesa dos interesses comuns".

Ora, se o síndico ostenta, segundo a lei, o *status* de representante do condomínio, como consequência lógica deveria o legislador ter conferido a este a condição de pessoa jurídica, uma vez que apenas uma pessoa regularmente existente pode ser representada.[26]

Também do ponto de vista prático, é possível, segundo essa parcela da doutrina, citar outro exemplo que corrobora seu entendimento. O condomínio, ao contratar funcionários, o faz em seu próprio nome, assumindo a condição de empregador e respondendo por todos os encargos trabalhistas, assumindo,

---

26. Destaque-se, neste sentido, a opinião de Nelson Kojranski: "se o legislador conferiu ao síndico o direito de 'representar, ativa passivamente, o condomínio (art. 1.348, II, do CC), deveria, em perfeita consonância lógica, também lhe conferir o galardão de 'pessoa jurídica'" (KOJRANSKI, Nelson. *Condomínio edilício*: aspectos jurídicos relevantes. 2. ed. São Paulo: Malheiros, 2015. p. 71).

inclusive, as consequências jurídicas por eventual descumprimento das leis trabalhistas e previdenciárias.

Assim, dessa complexidade de relações travadas pelo condomínio, impossível seria, sob a ótica dessa parcela da doutrina, não lhe atribuir e reconhecer a sua personificação, como explicita Frederico Henrique Viegas de Lima:

> De outra, o condomínio edilício trava, em sociedade, uma série de relações jurídicas perfeitamente delineadas e particularizadas, fazendo com que não se possa inferir que o mesmo só detenha uma *personificação* inerente às suas próprias finalidades. Como é o caso das relações jurídicas que o mesmo entabula quando atua como locador, tomador de serviços de terceiros, ser sujeito ativo ou passivo em relações jurídicas, de maneira individualizada, independente e de responsabilização civil.
>
> Mais ainda quando pensamos no condomínio edilício como um sujeito de direito capaz de figurar em relações jurídicas um tanto complexas, como a aquisição ou venda de bens, sejam estes móveis ou imóveis. Acrescente-se que é possuidor de capacidade postulatória própria, concedendo-lhe a possibilidade de estar em juízo, tanto no polo ativo como no polo passivo de uma demanda. O que, sem dúvida alguma, só é permitido com um extremo apego a ficção, esta em um sentido laico e não em sentido jurídico, já que até os dias atuais a tradicional doutrina não visualiza a *personificação jurídica* dos condomínios edilícios. Sentido revelado sem o desconhecimento do reconhecimento da capacidade postulatória permitida expressamente pelo Código de Processo Civil.
>
> Entretanto, é indispensável a admissão da *personificação jurídica* desta propriedade *especial*, para que, como sujeito de direito autônomo e independente das pessoas físicas que a compõem, possa se relacionar validamente com terceiros, sem a busca incessante à ficção jurídica, que a reduz a uma categoria de segundo grau, sendo, portanto, *menos propriedade que outras propriedades*.[27]

Tal posicionamento é reforçado pelo enunciado nº 246 da IV Jornada de Direito Civil do Conselho da Justiça Federal, de autoria do professor Frederico Lima, o qual prevê que "Deve ser reconhecida a personalidade jurídica ao condomínio edilício".

Nesse sentido, imprescindível, para concluirmos este entendimento, é a transcrição da lição de Marco Aurélio Bezerra de Melo:[28]

> Sobre o controvertido tema, podemos realmente observar que o condomínio edilício, a despeito de a personalidade jurídica ser um atributo conferido pela lei, realiza atos jurídicos próprios da pessoa, como compra e venda, prestação de serviços, contrato de trabalho, adquirindo, portanto, direitos e deveres na ordem jurídica em nome próprio, como se recebesse

---

27. LIMA, Frederico Henrique Viegas de. Marcos teóricos para a personificação jurídica dos condomínios edilícios. *Revista brasileira de direito comparado*. n. 32, p. 195-196, 2007.
28. MELO, Marco Aurélio Bezerra de. Apontamentos sobre o condomínio edilício. In: AZEVEDO, Fábio de Oliveira; MELO, Marco Aurélio Bezerra de. *Direito imobiliário*: escritos em homenagem ao Professor Ricardo Pereira Lira. São Paulo: Atlas, 2015, p. 397-398.

1 • ASPECTOS GERAIS DO CONDOMÍNIO EDILÍCIO E DAS RELAÇÕES DE VIZINHANÇA **19**

do mundo fático personalidade jurídica. Tomamos de empréstimo as suas lições para com ele concordar quando diz que 'atenta contra a realidade do ordenamento o cartório imobiliário, ou pior, a respectiva corregedoria, que, por exemplo, se recusa a transcrever unidade autônoma em nome do condomínio'. Além disso, releve-se que o art. 63, § 3º, da Lei 4.591/64, ao arrolar o inadimplemento do condômino na incorporação imobiliária como infração contratual, prevê a possibilidade de o condomínio edilício adquirir a unidade autônoma do condômino inadimplente. Vejamos o dispositivo legal: 'No prazo de 24 (vinte e quatro) horas após a realização do leilão final, o condomínio, por decisão unânime de assembleia geral em condições de igualdade com terceiros, terá preferência na aquisição dos bens, caso em que serão adjudicados ao condomínio'. Ora, não será esta uma manifestação contundente de personalidade jurídica?

Apresentada, pois, a primeira corrente doutrinária, passamos, a seguir, a tratar da segunda corrente, entendida como intermediária entre o reconhecimento do condomínio edilício como pessoa jurídica, e aquela que nega a sua condição de pessoa, a qual, como veremos no item 1.2.3, é aquela que entendemos a mais acertada.

1.2.2   Ente com personalidade jurídica restrita ou anômala

Uma segunda posição, intermediária, não reconhece o condomínio edilício como uma pessoa jurídica, atribuindo-lhe, no entanto, personalidade jurídica *restrita* ou *anômala*. Tal entendimento decorre do fato de que o condomínio, embora não seja reconhecido formalmente pela lei civil como uma pessoa jurídica, pratica inúmeros atos inerentes às pessoas titulares de direitos, comprando e vendendo, contratando empregados, prestando serviços, dentre outras atividades que são comuns à vida de uma pessoa jurídica.[29] Assim, tal como ocorre na legislação francesa, que reconhece expressamente a personificação jurídica do condomínio edilício, também deve ser reconhecida, no Brasil, a sua personalidade.

Corroborando o que aqui se expôs, imperiosa é a transcrição das lições de Arnaldo Rizzardo:[30]

> Não se enquadra o condomínio edilício como uma pessoa jurídica do tipo sociedade, pois ausentes a *affectio societatis* e o vínculo entre as pessoas para realizar determinada finali-

---

29. Assim defendem, enfaticamente, Carlos Alberto Dabus Maluf e Márcio Antero Motta Ramos Marques: "O condomínio compra e vende, contrata empregados, presta serviços, empresta, loca ou dá em locação, transige, enfim, atua na viga negocial como qualquer pessoa jurídica; dentro do seu âmbito de atuação, o condomínio tem, portanto, existência formal. Sua personificação jurídica é reconhecida expressamente, por exemplo, na legislação francesa, cuja doutrina o qualifica como uma criação original do legislador" (MALUF, Carlos Alberto Dabus; MARQUES, Márcio Antero Motta Ramos. *O condomínio edilício no novo Código Civil*. 2. ed. São Paulo: Saraiva, 2005, p. 18).
30. RIZZARDO, Arnaldo. *Condomínio edilício e incorporação imobiliária*. 4. ed. Rio de Janeiro: Forense, 2015, p. 16.

dade. O vínculo que realmente existe não é pessoal, mas real, especialmente decorrente da copropriedade nas partes comuns. Isto, porém, não impede que tenha uma personalidade jurídica, tanto que pode figurar como sujeito de direitos e deveres, com capacidade de estar em juízo, nos termos do art. 12, inciso IX, do Código de Processo Civil (art. 75, X, do novo CPC).

No mesmo sentido, e para se ter uma perfeita compreensão deste entendimento sustentado por esta parcela relevante da doutrina, convém-nos colacionar a opinião de Sílvio de Salvo Venosa:[31]

> Não existe, porém, *affectio societatis* entre os condôminos. No entanto, no mundo negocial o condomínio age tal qual uma pessoa jurídica. Em nossa obra *Direito civil: parte geral* (seção 14.6.2), aduzimos que o direito não pode ignorar realidades. O condomínio de edifícios possui o que denominamos *personificação anômala*, ou personalidade restrita, como preferem alguns. Qualificamo-lo como entidade com personificação anômala. O COC, no art. 75, estabelece como são representadas ativa e passivamente as pessoas jurídicas. O inciso XI da lei adjetiva atribui ao *síndico* ou ao administrador a representação processual do condomínio. Destarte, não se nega sua personificação, fenômeno que supera e extrapola, evidentemente, a simples esfera processual. O condomínio atua na vida negocial como qualquer pessoa jurídica, dentro de seu âmbito de atuação. A realidade não admite outra solução. O condomínio tem, portanto, existência formal.

Assim, temos esse segundo entendimento que, como dito, é intermediário. Não é este, contudo, o que prevalece, e tampouco o primeiro posicionamento, de modo que precisamos discorrer sobre a terceira corrente doutrinária que nega aos condomínios edilícios a qualidade de pessoa, bem como sua condição de ente *sui generis*, possuidor de uma personalidade jurídica anômala.

1.2.3 Ente formal

Encerrando a discussão acerca da natureza jurídica do condomínio edilício, temos uma terceira corrente doutrinária,[32] a qual aderimos, cujo entendimento é o de que não é possível reconhecer ao condomínio edilício a condição de pessoa jurídica, e muito menos atribuir-lhe personalidade jurídica, ainda que restrita ou anômala. O condomínio edilício é, em verdade, um ente formal, tal qual o espólio e a massa falida. Trata-se de um ente ficcional, uma criação fictícia que visa facilitar a tutela e a satisfação dos interesses comuns dos condôminos.

---

31. VENOSA, Sílvio de Salvo. *Direito civil*: reais. 22. ed. São Paulo: Atlas, 2022, v. 4, p. 319.

32. Essa é a opinião, dentre outros, de Caio Mário da Silva Pereira (PEREIRA, Caio Mário da Silva. *Condomínio e incorporações*. 10. ed. Rio de Janeiro: Forense, 2000, p. 89-90), Sílvio Venosa e Lívia Van Well (VENOSA, Sílvio de Salvo; WELL, Lívia Van. *Condomínio em edifício*: teoria e prática. 2. ed. São Paulo: Foco, 2022, p. 47-48) e Pablo Stolze e Rodolfo Pamplona (GAGLIANO; Pablo Stolze; PAMPLONA FILHO, Rodolfo. *Novo curso de direito civil*: direitos reais. São Paulo: Saraiva, 2019, v. 5, p. 305).

1 • ASPECTOS GERAIS DO CONDOMÍNIO EDILÍCIO E DAS RELAÇÕES DE VIZINHANÇA

Ora, no universo de um condomínio em plano horizontal, pode-se ter centenas de condôminos. Por óbvio, há diversos interesses que são comuns a eles, e isso porque, pela própria estrutura do condomínio edilício, há partes cuja titularidade é exclusiva e, desse modo, os interesses são particulares, mas há partes comuns, com interesses universais.

Desse modo, na defesa desses interesses é impossível do ponto de vista fático que todos os condôminos, conjuntamente, tomem decisões, contratem, adquiram bens, dentre outros direitos que possam ser exercidos. Por essa razão, visando otimizar e possibilitar o funcionamento desse múltiplo universo de pessoas, criou-se a figura do condomínio, com um representante, o síndico, o qual irá exteriorizar a vontade desse conjunto de coproprietários.

Imagine-se, por exemplo, um condomínio com 100 unidades que necessite contratar um funcionário. Caso inexistisse a figura do condomínio, todos os condôminos teriam que assinar a carteira de trabalho do empregado como empregadores e, com toda certeza, o documento se assemelharia a um catálogo telefônico, tamanho o número de página e assinaturas que deveria constar da carteira.

Também do ponto de vista legal é impossível reconhecer o condomínio como uma pessoa jurídica.

Primeiramente, o rol taxativo do art. 44 do Código Civil, que enumera as pessoas jurídicas de direito privado, não traz em seu bojo a figura do condomínio edilício. Desse modo, não há base legal para o reconhecimento dele como uma pessoa jurídica.

Quanto à previsão do art. 63, § 3º, da Lei 4.591/64, entendemos que ela não é suficiente para atribuir personalidade jurídica ao condomínio edilício, e tampouco revela uma manifestação de vontade autônoma do ente para adjudicação do bem. Em verdade, a aquisição da unidade se dá no interesse da coletividade de condôminos, os quais não teriam, na prática, condições de fazê-lo em conjunto.

Imagine-se que, para a adjudicação do imóvel, todos os condôminos tivessem que estar presentes para manifestar, individualmente, a vontade de adquirir a coisa, assinando o instrumento aquisitivo. Seria, do ponto de vista prático, muito difícil, senão impossível. Pense-se, ainda, no registro. O registro da matrícula do imóvel se transformaria igualmente em um catálogo telefônico, pois todos os condôminos o titularizariam e deveriam figurar no documento. Ademais, quando o condômino resolvesse vender sua unidade autônoma, também teria que dispor da fração daquela unidade que fora adjudicada. Um verdadeiro caos.

Então, diante dessa inviabilidade prática, o legislador optou por prever medida que torne viável a adjudicação da unidade imobiliária pelos condôminos, o que se dará diretamente pelo ente ficcional representado pelo síndico.

Sem prejuízo, atribui-se ao condomínio a chamada personalidade judiciária, "excepcionalmente admitida pela jurisprudência para que sujeitos despersonalizados estejam, como partes, na relação processual, caso dos condomínios",[33] permitindo que ele possa estar em juízo na defesa dos interesses dos condôminos, e não propriamente em seu próprio e pessoal interesse, como se pessoa fosse.

De tudo o que se disse é possível concluir que não é possível reconhecer ao condomínio a condição de pessoa jurídica, como bem leciona Caio Mário da Silva Pereira em sua consagrada obra *Condomínio e Incorporações*, cuja lição passamos a transcrever:[34]

> Da mesma forma, portanto, que não nos conformamos com a doutrina dos que querem aplicar os conceitos clássicos de servidão, ou do direito de superfície ao novo regime, também se nos afigura inadequada a invocação do conceito de personificação. Quando se cuidou de elaborar nova lei, não faltaram opiniões neste sentido. Mas não prevaleceram, e a Lei 4.591/64, seguindo a traça de nosso Anteprojeto, guardou fidelidade às nossas convicções. Argumentando contra a personalidade moral no condomínio, Hébraud assinala mesmo que sua ausência é indispensável a que o proprietário permaneça proprietário, e se não torne mero titular de uma quota ou parte social, e para que seu direito conserve a qualidade imobiliária, e não seja um bem móvel incorpóreo. Serpa Lopes observa a semelhança entre a comunhão dos proprietários de apartamentos e a sociedade, dadas as necessidades e relações jurídicas próprias, além de sua movimentação. Mas igualmente insurge-se contra a personificação, cuja ideia em nosso direito se não coaduna com o fenômeno comunitário do edifício de apartamentos, que pressupõe em cada proprietário um interesse próprio, muito embora em comunhão orgânica. E, para bem frisar aquela distinção da sociedade, acrescenta que a comunhão dos proprietários, naquilo em que ostenta a comunidade de interesses, tem a sua cor, não a substância: *colorem habet, substantiam vero nullam*. Contra a personalidade discreteia ainda Paulo Carneiro Maia, com bons arrimos doutrinários. O Tribunal de Justiça do antigo Distrito Federal, em julgado a respeito, sustentou que não existe personalidade jurídica, reconhecendo contudo que entre os comunheiros surgem relações jurídicas permanentes, de ordem interna e de ordem externa. Com alguma vacilação, embora os tribunais têm-lhe negado personalidade jurídica.

Conclui-se, pois, da precisa pena do saudoso mestre Caio Mário, autor do anteprojeto da Lei 4.591/64, que jamais foi a intenção do legislador atribuir personalidade jurídica ao condomínio edilício, mas tão somente possibilitar, do ponto de vista prático, a adjudicação do imóvel pela coletividade de condôminos, de modo que não há, com todas as vênias aos entendimentos em contrário, previsão legal a embasar o entendimento de que o condomínio especial é uma pessoa jurídica.

---

33. FUX, Luiz. *Curso de direito processual civil*. 5. ed. Rio de Janeiro: Forense, 2022, p. 232.
34. PEREIRA, Caio Mário da Silva. *Condomínio e incorporações*. 10. ed. Rio de Janeiro: Forense, 2000, p. 89-90.

1 • ASPECTOS GERAIS DO CONDOMÍNIO EDILÍCIO E DAS RELAÇÕES DE VIZINHANÇA

Nesse sentido, inclusive, já decidiu o Superior Tribunal de Justiça, em voto da lavra do Ministro Paulo de Tarso Sanseverino, enfrentando importante questão da possibilidade de responsabilidade subsidiária dos condôminos pelas obrigações do condomínio, com a consequente penhora de bens pessoais destes, tal como pode ocorrer, por exemplo, nas sociedades:

A solução dessa controvérsia passa necessariamente pela tormentosa questão da personalidade jurídica do condomínio horizontal ou edilício, que passo a analisar.

Inicialmente, verifica-se que o condomínio não está previsto no rol de pessoas jurídicas de direito privado, elencado no art. 44 do Código Civil, abaixo transcrito:

[...]

Analisando-se esse rol de entidades, pode-se identificar, em todas elas, a preexistência de uma comunhão de vontades (*affectio societatis*) dirigida ao desempenho de um objeto social comum (no caso das fundações, há a vontade do instituidor).

No caso dos condomínios edilícios, embora seja necessário um ato de vontade para instituí-lo, o elemento essencial não é a comunhão de vontades, mas a titularidade de um direito real.

[...]

Efetivamente, observa-se que a convenção de condomínio estende seus efeitos para além daqueles que a ela anuíram, como os locatários, os sucessores e até terceiros que venham a ingressar no imóvel, diferenciando-se assim do contrato social da pessoa jurídica, que obriga apenas os sócios.

De outra parte, verifica-se que os membros das pessoas jurídicas têm ampla liberdade para pactuarem o objeto social.

Os condomínios, diversamente, só podem desempenhar o papel de administração e conservação da coisa em comum, pois esse é o objeto social que se extrai da lei, não havendo liberdade para se pactuar outro.

Quanto a esse ponto, observa-se que o condomínio horizontal atende exclusivamente ao interesse da comunidade de condôminos, ao passo que as demais pessoas jurídicas têm a potencialidade de satisfazerem interesses gerais da sociedade.

As sociedades empresárias, por exemplo, além de produzirem lucro para seus sócios, desempenham relevante papel na economia, ao promoverem a circulação de mercadorias e serviços, bem como a gerarem empregos em larga escala.

As associações, por sua vez, podem ser constituídas para defender interesses difusos, extrapolando assim os interesses individuais de seus membros.

Por fim, uma diferença relevante entre pessoa jurídica e condomínio diz com a responsabilidade pelo cumprimento de obrigações.

No caso das pessoas jurídicas, por se tratar de ente autônomo, distinto de seus membros (*societas distat a singulis*), a regra é que apenas ela responda por suas obrigações.

Excepcionalmente, os membros podem vir a ser considerados responsáveis nas hipóteses previstas na lei, incluindo a desconsideração da personalidade jurídica ou na situação do art. 46, inciso V, do Código Civil, em que o ato constitutivo preveja essa possibilidade.

No caso do condomínio, a lei não prevê a possibilidade de pactuação acerca da responsabilidade subsidiária de seus integrantes.

Pelo contrário, há disposição em sentido inverso, estatuindo que os condôminos são responsáveis pelas despesas do condomínio.[35]

Veja-se, pois, que a conclusão acerca da existência, ou não, de personalidade jurídica do condomínio tem importantes repercussões práticas, que podem impactar duramente a esfera jurídica dos condôminos.

1.3 O DIREITO DE VIZINHANÇA E AS RELAÇÕES CONDOMINIAIS

O regime particular do condomínio edilício caracterizado pela coexistência de uma propriedade comum e outra exclusiva e autônoma faz com que o regime jurídico do condomínio geral, como já vimos, seja insuficiente para regular as relações existentes no ambiente do condomínio edilício. Por essa razão, o condomínio edilício é tratado separadamente pelo legislador, prevendo regras próprias que, dadas as suas peculiaridades, não são aplicáveis ao condomínio ordinário, o que torna incompatível o regime comum do condomínio ordinário com aquele especial do condomínio edilício.

Nada obstante, a regulamentação do vínculo existente entre os condôminos também não se limita às disposições previstas na legislação acerca do condomínio edilício. Isso porque a complexidade de sua estrutura faz subsistir, além de uma relação tipicamente condominial – no tocante à copropriedade da coisa comum –, também uma relação de vizinhança, notadamente nas questões atinentes à propriedade particular exercida por cada condômino sobre sua unidade.

Nestas últimas, em que os condôminos exercem a propriedade sobre sua unidade, não há propriamente copropriedade, mas sim uma propriedade exclusiva. Assim, tem-se vários proprietários exclusivos exercendo os direitos inerentes ao domínio no mesmo espaço edificado. Em tais casos é induvidoso que a relação não é puramente condominial, mas especialmente entre vizinhos.[36] Com efeito, melhor aplicável, para essas situações, as normas atinentes ao direito de vizinhança, particularmente no tocante aos limites impostos ao uso anormal da propriedade,[37] mas obviamente com as peculiaridades inerentes ao regime do condomínio edilício, no qual também há uma copropriedade sobre coisas comuns convivendo com aquela exclusiva.

---

35. REsp 1.486.478-PR. Relator Ministro Paulo de Tarso Sanseverino. Terceira Turma. DJ 05.04.2016. DJe 28.04.2016.
36. No mesmo sentido, CHALHUB, Melhim Namem. *Direitos reais*. 2. ed. São Paulo: Ed. RT, 2014, p. 135.
37. Com o mesmo pensamento, SIMÃO, José Fernando; KAIRALLA, Marcello Uriel. Impossibilidade de exclusão do condômino antissocial. *Revista Jurídica Luso-Brasileira*, a. 5, n. 3, p. 979, Lisboa, 2019.

Com isso se quer dizer que não é possível aplicar, puramente, as regras atinentes às relações condominiais no tocante ao vínculo decorrente diretamente da propriedade exclusiva das unidades autônomas. Isso não significa, à toda evidência, que se deixará de aplicar as disposições do condomínio edilício em eventuais controvérsias e conflitos existentes, e isso porque a relação continua sendo condominial edilícia, cuja estrutura é constituída por esse hibridismo. Com efeito, embora na grande maioria das situações o exercício do direito de propriedade sobre a unidade é exclusivo e isolado dos demais, em algumas situações haverá a necessidade de conformação dos interesses, limitando-se os direitos do titular autônomo, como observam José Fernando Simão e Marcello Uriel Kairalla:[38]

> Esse regime jurídico diferenciado pode ser sintetizado segregando as partes indivisas das divisas: nestas tudo se passa como se a unidade autônoma fosse isolada do condomínio, tendo o proprietário direito de usar, fruir e dela livremente dispor; naquelas, as convenções têm primazia, notadamente em razão das limitações que visam à viabilização da vida social.
>
> Contudo, tal síntese obnubila o fato de estarem as unidades insertas no condomínio, de modo que a relação dos condôminos vizinhos não é simplesmente de direito de vizinhança, mas de um direito ainda mais intenso, que submete o proprietário a diversas limitações em seu direito. Assim, apesar de a unidade autônoma geralmente funcionar como se propriedade isolada fosse, em alguns aspectos não o fará.

Sem prejuízo, a consequência da aplicação das normas atinentes ao direito de vizinhança às relações condominiais é a inequívoca necessidade de se observar os limites impostos por aquele regime jurídico, em especial o respeito à segurança, ao sossego e à saúde dos vizinhos,[39] ou seja, exige-se do condômino edilício a observância de deveres mais severos de comportamento do que aqueles meramente aplicáveis às relações condominiais.[40]

Isso se justifica, principalmente, pelo maior interesse da coletividade existente nos condomínios edilícios, coletividade essa caracterizada por uma pluralidade de pessoas dotadas de uma diversidade de ideias, hábitos e interesses, a exigir um maior rigor das individualidades na observância dos deveres de boa convivência.

O regime jurídico dos direitos de vizinhança está previsto no Código Civil a partir de seu art. 1.277 do Código Civil, disposição esta que dá destaque aos limites do exercício do direito de propriedade de um vizinho e o direito de intervenção

---

38. SIMÃO, José Fernando; KAIRALLA, Marcello Uriel. Impossibilidade de exclusão do condômino antissocial. *Revista Jurídica Luso-Brasileira*, a. 5, n. 3, p. 972, Lisboa, 2019.
39. VENOSA, Sílvio de Salvo; WELL, Lívia Van. *Condomínio em edifício*: teoria e prática. 2. ed. São Paulo: Foco, 2022, p. 47.
40. Cf. PEREIRA, Caio Mário da Silva. *Condomínio e incorporações*. 12. ed. Rio de Janeiro: Forense, 2016, p. 117.

daquele que for prejudicado em razão do uso anormal da propriedade. Assim, os direitos de vizinhança visam regular as relações entre proprietários confinantes e circunvizinhos de bens imóveis, estabelecendo os limites ao exercício dos direitos de propriedade titularizados por cada um deles, visando especialmente conter os abusos caracterizados pelo uso abusivo do domínio que afetem todos aqueles que estejam em seu entorno.

Sob essa ótica, a noção de vizinhança é amplíssima, não se limitando à propriedade contígua, mas alcança todos aqueles proprietários de unidades do condomínio que sejam afetados pela ação abusiva e lesiva de um outro condômino, assim como de outros imóveis do entorno. Neste último caso, contudo, em que um condômino afeta ou é afetado por proprietários de imóveis do entorno, que não as unidades integrantes do condomínio, à toda evidência não se terá regime condominial, tampouco edilício, mas exclusivamente de vizinhança.

Sem prejuízo, o que queremos demonstrar é que há, no condomínio edilício, uma multiplicidade de direitos de propriedade exclusiva, de modo que não há, na relação entre elas, a normatividade própria de uma relação condominial, de copropriedade, mas sim uma relação de vizinhança.

Nesse sentido, a distância entre os bens imóveis é irrelevante para a caracterização da vizinhança, mas sim os interesses atingidos. Assim, a ação de um indivíduo que, no exercício do seu direito de propriedade sobre um imóvel, vem afetar outro, estará açambarcada pelo regime jurídico dos direitos de vizinhança, como bem observa Marco Aurelio Viana:

> O barulho provocado por um bar, boate, qualquer atividade desse gênero, o perigo de uma explosão, fumaça decorrente da queima de detritos, badalar de um sino, gases expelidos por postos de gasolina entre vários outros casos, em que se apresenta uma interferência de prédio a prédio, sem importar a distância, desembocam em conflito de vizinhança, pouco importando a distância entre os prédios.[41]

Disso se infere a importância da análise do regime jurídico do direito de vizinhança aplicável ao condomínio edilício para nosso texto, na medida em que o comportamento antissocial do condômino está diretamente associado ao exercício abusivo e anormal da propriedade comum e da propriedade exclusiva por ele.

Como cediço, o direito de propriedade, e notadamente seu exercício, não é absoluto. Mesmo os romanos, que definiam o proprietário como regente e árbitro da sua coisa, reconheciam o direito de propriedade, emanado da liberdade, como a *naturalis in re facultas eius quod cuique facere libet, nisi si quid aut ui aut*

---

41. VIANA, Marco Aurelio S. In: TEIXEIRA, Sálvio de Figueiredo (Coord.). *Comentários ao novo Código Civil*: dos direitos reais. Arts. 1.225 a 1.510. 3. ed. Rio de Janeiro: Forense, 2007, v. XVI, p. 260.

iure prohibetur (faculdade natural de se fazer o que se quiser sobre a coisa, exceto aquilo que é vedado pela força ou pelo direito).[42] Nesse sentido, os romanos entendiam ser lícito ao proprietário proceder em relação à propriedade segundo lhe aprouvesse, desde que não interferisse na propriedade alheia.[43]

Ter-se-ia, assim, o embrião para os direitos de vizinhança, os quais servem como balizadores e limitadores do direito de propriedade, que podem ser simplificados no princípio geral do Direito segundo o qual *o seu direito termina quando o do outro começa*, como já defendia, com a objetividade invulgar dos doutos, Tito Fulgencio, ao tratar do primeiro e principal princípio aplicável aos direitos de vizinhança:

> Liberdade absoluta para cada qual de usar sua coisa como entender, mas prohibição de qualquer attentado contra o direito egual do proprietario visinho.
>
> A liberdade sem a limitação impossibilitaria a todos o legitimo goso de seus bens e a bôa harmonia na sociedade e das liberdades.[44]

Nessa esteira, o direito individual do proprietário se subordina, em tais casos, aos interesses coletivos dos vizinhos, de modo que as limitações impostas àquele que detém o domínio são necessárias à boa convivência social, que não seria possível caso se reconhece um direito absoluto, ilimitado e irrestrito de propriedade.[45]

Destaque-se que essa conclusão não significa a defesa de uma visão utilitarista do direito de propriedade. O utilitarismo é corrente filosófico-jurídica de pensamento que defende "que o melhor caminho a ser seguido em cada caso será aquele que promover, em maior escala, o bem-estar, o prazer, a felicidade ou as preferências racionais do maior número de pessoas".[46] Parte-se da premissa de que, sendo todos iguais intrinsecamente, deve-se buscar a satisfação coletiva, ainda que isso importe em sacrifício de uma pessoa ou de um pequeno número de pessoas.

Nada obstante, a dignidade da pessoa humana rechaça o pensamento utilitarista, na medida em que uma pessoa não pode ser instrumento para a realização ou

---

42. ALVES, José Carlos Moreira. *Direito romano*. 16. ed. Rio de Janeiro: Forense, 2014, p. 293.
43. PEREIRA, Caio Mário da Silva. *Instituições de direito civil*: direitos reais. 18. ed. Rio de Janeiro: Forense, 2004, v. IV, p. 207.
44. FULGENCIO, Tito. *Direitos de visinhaça*: limites de prédios (demarcação). São Paulo: Saraiva, 1925, p. 6.
45. PEREIRA, Caio Mário da Silva. *Instituições de direito civil*: direitos reais. 18. ed. Rio de Janeiro: Forense, 2004, v. IV, p. 207.
46. SARMENTO, Daniel. Interesses públicos vs. interesses privados na perspectiva da teoria e da filosofia constitucional. In: SARMENTO, Daniel (Org.). *Interesses públicos vs. interesses privados: desconstruindo o princípio da supremacia do interesse público*. Rio de Janeiro: Lumen Juris, 2005, p. 59-60.

a satisfação de interesses coletivos, pois toda e qualquer pessoa, individualmente, tem um valor intrínseco, que deve ser respeitado e promovido.[47]

Ocorre, contudo, que nenhum direito é absoluto, até mesmo o direito de propriedade, de modo que se exige, especialmente quando em conflito com outros direitos de igual hierarquia, como no caso do condomínio, o direito de propriedade dos demais condôminos, impõe-se uma ponderação. Nesse aparente conflito, exige-se dos titulares que exerçam seus direitos dentro dos limites impostos pelo ordenamento, assim como que o façam promovendo os fins, valores e funções impostas e propostas pelo ordenamento jurídico.

O que se exige, pois, é o exercício do direito de propriedade e da posse em observância à sua função socioeconômica,[48] cuja violação caracteriza, inequivocamente, um abuso do direito, na estrita observância do disposto no art. 187 do Código Civil, e que exploraremos com mais profundidade no Capítulo 2, e em particular no item 2.3, quando examinaremos a questão do exercício abusivo da propriedade e da posse pelo condômino e pelo possuidor da unidade autônoma; assim como se exige que o exercício desses direitos se deem em cumprimento à sua função promocional, isto é, visando cumprir os valores e princípios constitucionais, como também examinaremos no Capítulo 2, em especial no item 2.2.

Por essa razão, prevê o art. 1.277 do Código Civil que o proprietário ou o possuidor de um prédio tem o direito de fazer cessar as interferências prejudiciais à sua segurança, sossego e saúde provocadas por um vizinho, que têm o dever de dar ao seu imóvel uma destinação que não afete estes direitos fundamentais a um bom convívio social. A tutela do direito de vizinhança, portanto, é sustentada nesses três pilares, a saber, a segurança, o sossego e a saúde, chamados no jargão jurídico de *os três "s"*.

A segurança está diretamente ligada à integridade física do morador do prédio e à solidez da edificação, como nos casos em que o vizinho mantém atividades perigosas que possam levar à ruína do prédio, ou que exponham o morador a dano, como a manutenção de produtos nocivos e inflamáveis em seu imóvel e a realização de obras que afetem a estrutura da edificação, ou até mesmo a abertura do bem para visitas ou ocupações por pessoas perigosas, como criminosos, por exemplo, ou que exponham os demais vizinhos a uma alta rotatividade de pessoas desconhecidas.

---

47. BARROSO, Luís Roberto. "Aqui, lá e em todo lugar": a dignidade humana no direito contemporâneo e no discurso transnacional. *Revista dos Tribunais*, v. 101, v. 919, p. 192-163, maio 2012.

48. VIANA, Marco Aurelio S. In: TEIXEIRA, Sálvio de Figueiredo (Coord.). *Comentários ao novo Código Civil*: dos direitos reais. Arts. 1.225 a 1.510. 3. ed. Rio de Janeiro: Forense, 2007, v. XVI, p. 260.

O sossego nada mais é do que a paz e a tranquilidade no lar e no ambiente de trabalho, uma vez que a vizinhança não se limita a imóveis residenciais. Trata-se, obviamente, de direito umbilicalmente ligado à integridade psíquica da pessoa, que tem o direito de usufruir uma vida sossegada, sem a interferência dos demais vizinhos. No ambiente de vizinhança, o que mais retira o sossego são, evidentemente, os barulhos e os ruídos, sendo certo que há ainda inúmeros outros exemplos como os moradores brigões e mal-educados, que não respeitam as normas dispostas na lei e na Convenção, utilizando-se, por exemplo, de áreas comuns para seus interesses particulares, incomodando os demais etc.

Por fim, a saúde, o mais importante direito daqueles enumerados, e que também pode ser afetada pela violação à segurança e ao sossego. Todos têm o direito de viver em um ambiente saudável, física e mentalmente, haja vista que a saúde está diretamente atrelada à vida. Assim, vizinhos que exponham o outro a condições insalubres – o que é comum com animais, em que os donos não cuidam do asseio dos bichinhos – e que possam causar doenças – como no caso de uso e armazenamento de produtos tóxicos – estarão sujeitos a medidas judiciais para fazer cessar sua conduta.

Sem prejuízo de tudo o que se disse, é preciso destacar que nos direitos de vizinhança, e sobretudo nos condomínios edilícios, para o bom cumprimento das regras de convivência impõe-se certa dose de tolerabilidade. A tolerância é uma palavra-chave em tais relações. De fato, dada a pluralidade de sujeitos e, consequentemente, de interesses e hábitos, é preciso que um vizinho tolere certas ações, sob pena de também inviabilizar o exercício normal do direito de propriedade do outro. As limitações que se impõem pela necessidade de observância dos interesses coletivos não podem gerar constrangimento ao titular do domínio, a ponto de obrigá-lo a viver tolhido de manifestações e condutas que, segundo as regras de bom senso, não caracterizariam um abuso.

Por certo, a caracterização de uma conduta abusiva e o exercício disfuncional dos direitos, bem como a violação aos deveres de boa vizinhança, exigem a demonstração de um uso anormal da propriedade, isto é, uma conduta evidentemente abusiva e, consequentemente, antijurídica, ainda que seja legal em certos aspectos.[49]

Veja-se, por exemplo, certas disposições emanadas de normas expedidas por entes da Federação que tratam de volume de ruído. É possível a caracterização de violação à paz e ao sossego mesmo que o ruído provocado esteja dentro dos limites de decibéis estabelecidos por tais atos normativos, quando, por exemplo,

---

49. No mesmo sentido, RODRIGUES, Silvio. *Direito civil*: direito das coisas. 28. ed. São Paulo: Saraiva, 2009, v. 5, p. 130-131.

o vizinho diuturnamente emite ruídos no limite máximo autorizado pela norma. Assim, em que pese a conduta seja legal, poderá ser considerada abusiva, não se podendo exigir dos vizinhos incomodados que a tolerem.

Há que se observar, ainda, que a intenção do agente quando da prática da conduta é irrelevante. A caracterização do uso anormal da propriedade é objetiva: se o vizinho objetivamente viola a segurança, a saúde e o sossego dos demais, ainda que psicologicamente não tenha agido com ânimo de fazê-lo, pode ser obrigado a cessar ou a reduzir sua ação.[50]

O que se percebe, de tudo o que se disse, é que as regras aplicáveis aos direitos de vizinhança têm uma importância ímpar nos condomínios edilícios. Como veremos dos deveres impostos aos condôminos, o respeito aos direitos de vizinhança está também lá relacionado, a revelar que esta relação é sensível, e exige de todos os condôminos-vizinhos um esforço conjunto para a manutenção do bom convívio social.

Aquele, contudo, que faz dos espaços comum e particular um instrumento para a lesão a esses direitos, se subordina ao regime do condômino antissocial, com as todas as suas repercussões e, sobretudo, à sujeição das penalidades dispostas na lei.

---

50. Igualmente é o entendimento de Marco Aurelio S. Viana (VIANA, Marco Aurelio S. In: TEIXEIRA, Sálvio de Figueiredo (Coord.). *Comentários ao novo Código Civil*: dos direitos reais. Arts. 1.225 a 1.510. 3. ed. Rio de Janeiro: Forense, 2007, v. XVI, p. 263).

2
OS DIREITOS E DEVERES DOS CONDÔMINOS E POSSUIDORES, O ABUSO DO DIREITO DE PROPRIEDADE E DA POSSE CONDOMINIAL E A FUNCIONALIZAÇÃO DO EXERCÍCIO DESSES DIREITOS

2.1 OS DIREITOS E DEVERES DOS CONDÔMINOS E POSSUIDORES DE UNIDADES AUTÔNOMAS DO CONDOMÍNIO EDILÍCIO

No estudo do regime jurídico do condômino e do possuidor antissocial, é imprescindível o exame dos seus direitos e deveres. Isso porque é a partir daí que teremos o balizamento da conduta do condômino e do possuidor, isto é, o que eles podem fazer e até onde podem ir no ambiente condominial sem que afetem os interesses e os direitos dos demais. É isso, pois, que faremos neste Capítulo.

Mas, antes de prosseguirmos, é importante destacar que, primariamente, estes direitos e deveres são destinados aos condôminos, isto é, aos titulares das unidades autônomas e coproprietários das partes comuns, como prevê a própria legislação pátria. No entanto, o regime aplicável aos condôminos, em sua maior parte, também o é para os possuidores, como os locatários e comodatários, naquilo que não conflitar com a natureza da sua posição jurídica e sua relação no ambiente condominial, como é o caso do dever de não perturbar a saúde, a segurança e o sossego dos demais. É induvidoso que, por exemplo, um locatário tem o dever de agir de modo a não causar incômodo aos condôminos e demais possuidores das unidades autônomas, não sendo necessário que ele ostente a condição de proprietário para lhe ser exigível o cumprimento desse dever.

Feita essa observação, passaremos ao enfrentamento das questões propriamente ditas atinentes aos direitos e deveres dos condôminos e possuidores das unidades autônomas do condomínio edilício.

Os direitos e deveres dos condôminos e possuidores estão relacionados, embora não de modo exaustivo,[1] em duas leis: a Lei Caio Mário – Lei 4.591/1964 – e o Código Civil, fato este que merece algumas considerações, notadamente no tocante à manutenção, ou não, da vigência da lei especial após a entrada em vigor do Código Civil de 2002.

O Código Civil de 1916 não regulava em seu corpo o instituto do condomínio edilício, o que se justificava pelo pequeno número de edificações sob a estrutura de prédios de apartamentos,[2] de modo que ele passou a ter regulação própria apenas com o advento da Lei 4.591/1964, que dele tratou de modo exauriente, juntamente com a figura jurídica da incorporação imobiliária. Ocorre, contudo, que o Código Civil de 2002 trouxe, a partir de seu art. 1.331, o regulamento do condomínio edilício, trazendo disposições gerais como a sua estrutura jurídica e os direitos e deveres dos condôminos, assim como disposições especiais voltadas à administração e à extinção do condomínio.

Por conta dessa regulação, parcela relevante da doutrina[3] defende que o Código Civil revogou as disposições da Lei 4.591/1964, tendo em vista que o regulou de modo amplo e exauriente, como se infere da manifestação de Francisco Eduardo Loureiro:[4]

> A primeira questão a ser examinada é o atual regime jurídico do condomínio edilício, em especial a revogação, ou não, ou em que medida, da Lei n. 4.591/64 pelo CC/2002, que é lei geral, ao passo que a lei condomínio e incorporações é especial. Não prevalece, porém, o princípio da especialidade, porque a lei geral trata da mesma matéria, voltada aos mesmos destinatários. A situação jurídica é a mesma, sem qualquer discrímen que justifique a aplicação de rega especial à categoria distinta. Por isso, o CC/2002 derrogou a Lei n. 4.591/64 em tudo aquilo que com ela conflitasse.

Por outro turno, uma segunda parcela da doutrina, a qual nos filiamos, perfilha entendimento contrário,[5] segundo o qual a Lei 4.591/1964, no capítulo

---

1. FACHIN, Luiz Edson. In: AZEVEDO, Antônio Junqueira de (Coord.). *Comentários ao Código Civil*: parte especial do direito das coisas (arts. 1.277 a 1.368). São Paulo: Saraiva, 2003, v. 15, p. 247.
2. GAMA, Guilherme Calmon Nogueira da. Condomínio edilício. In: BARBOZA, Heloisa Helena (Coord.). *20 anos do código civil*: perspectivas presentes e futuras. Rio de Janeiro: Processo, 2022, p. 417.
3. Nesse sentido ver, dentre outros, Sílvio de Salvo Venosa (VENOSA, Sílvio de Salvo. *Direito civil*: reais. 22. ed. São Paulo: Atlas, 2022, v. 4, p. 318) e Paulo Lôbo (LÔBO, Paulo. *Direito civil*: coisas. 2. ed. São Paulo: Saraiva, 2017, p. 237) e Marco Aurelio Viana (VIANA, Marco Aurelio S. In: TEIXEIRA, Sálvio de Figueiredo (Coord.). *Comentários ao novo Código Civil*: dos direitos reais. Arts. 1.225 a 1.510. 3. ed. Rio de Janeiro: Forense, 2007, v. XVI, p. 423).
4. LOUREIRO, Francisco Eduardo. Comentários ao art. 1.331 do Código Civil. In: PELUSO, Cezar (Coord.). *Código civil comentado*: doutrina e jurisprudência. 8. ed. Barueri: Manole, 2014, p. 1.243.
5. Nesse sentido, ver, exemplificativamente, Luiz Edson Fachin (FACHIN, Luiz Edson. In: Coordenador: AZEVEDO, Antônio Junqueira de (Coord.). *Comentários ao Código Civil*: parte especial do direito das coisas (arts. 1.277 a 1.368). São Paulo: Saraiva, 2003, v. 15, p. 226), Guilherme Calmon Nogueira da Gama (GAMA, Guilherme Calmon Nogueira da. Condomínio edilício. In: BARBOZA, Heloisa

2 • OS DIREITOS E DEVERES DOS CONDÔMINOS E POSSUIDORES   33

atinente ao condomínio edilício, foi apenas parcialmente revogada. Isso porque diversas matérias tratadas na lei especial acerca do condomínio edilício não foram previstas no Código Civil de 2002, de modo que apenas aquelas que conflitarem com a lei civil estão revogadas, mantendo-se plenamente vigente a Lei 4.591/1964 no tocante às questões não disciplinada pelo Código Civil.

Disso se extrai que, tanto as disposições da Lei 4.591/1964, quanto as do Código Civil, coexistem harmonicamente, de modo que, na parte em que conflitarem, prevalecerá o Código Civil, por ser lei mais nova, mas naquilo em que não se contradizerem, subsistirão vigentes conjuntamente.

Assim sendo, no tocante aos direitos e deveres dos condôminos e possuidores, a Lei 4.591/1964 traz em seu art. 10 o rol de proibições de condutas a serem praticadas pelos condôminos, e no art. 19 alguns dos direitos inerentes à condominialidade. Já no Código Civil temos as disposições acerca dos direitos e dos deveres dos condôminos, respectivamente, em seus art. 1.335 e 1.336. Começaremos nosso estudo pelos direitos dos condôminos e possuidores.

2.1.1 Direitos dos condôminos e possuidores

Segundo o art. 1.335 do Código Civil, que segue de modo muito semelhante a orientação do art. 19 da Lei 4.591/1964, são direitos do condômino (i) usar, fruir e livremente dispor das suas unidades; (ii) usar das partes comuns, conforme a sua destinação, e contanto que não exclua a utilização dos demais compossuidores; e (iii) votar nas deliberações da assembleia e delas participar, estando quite.

a) direito de usar, fruir e dispor do bem

Os primeiros direitos tratados pelo legislador, portanto, são os de usar, fruir e dispor do bem, os quais estão umbilicalmente associados às faculdades inerentes ao direito de propriedade exclusiva sobre a unidade autônoma. Por essa razão, a lei assegurou ao condômino o pleno exercício do seu direito de propriedade, que se reflete no exercício das três faculdades inerentes ao domínio.

Segundo o art. 1.335, I, do Código Civil, são direitos dos condôminos usar, fruir e livremente dispor das suas unidades, o que já era previsto no art. 19 da Lei 4.591/1964, segundo o qual "Cada condômino tem o direito de usar e fruir, com exclusividade, de sua unidade autônoma, segundo suas conveniências e interesses".

Helena (Coord.). *20 anos do Código Civil*: perspectivas presentes e futuras. Rio de Janeiro: Processo, 2022, p. 417-418) e Luciano de Camargo Penteado (PENTEADO, Luciano de Camargo. *Direito das coisas*. São Paulo: Ed. RT, 2008, p. 384).

A lei especial, como é possível perceber, de certo modo explicita o que significa o uso e a fruição da unidade autônoma, na medida em que prevê que o uso do bem se dará segundo as conveniências e os interesses do condômino, o que caracteriza o uso e a fruição, ou seja, o emprego da coisa em benefício do titular,[6] com a possibilidade de sua exploração econômica.[7]

Em relação ao direito de uso, este assegura ao condômino usar a coisa, isto é, colocá-la a seu serviço, sem modificar, contudo, a sua substância.[8] Usar, então, significa empregar a coisa em seu benefício, em seu interesse, e também no de terceiro. Na precisa expressão de Cristiano Chaves de Farias e Nelson Rosenvald, "é a faculdade do proprietário de servir-se da coisa de acordo com a sua destinação econômica".[9]

Ainda quanto ao direito de uso, este também é exercido pelo possuidor, na medida em que locatários, comodatários e demais pessoas que tenham o exercício da posse direta sobre o bem, podem usar da coisa em seu benefício.

Já a fruição consiste no direito de explorar economicamente a coisa, exercendo a faculdade de perceber os seus frutos naturais e civis, bem como utilizar e perceber seus produtos.[10] Os frutos a serem percebidos são aqueles produzidos periodicamente pelo bem, sem que isso acarrete a perda ou alteração da substância da coisa, e podem ser naturais (v.g. frutos produzidos pela árvore plantada no terreno do proprietário) ou civis (v.g. aluguéis). Por outro lado, os produtos são aqueles bens extraídos da coisa e que vão se exaurindo, sem que haja possibilidade de renovação (v.g. mina de ouro ou poço de petróleo).[11]

Logicamente o proprietário tem pleno direito de fruição do bem, podendo explorá-lo da forma que melhor lhe convier, percebendo os frutos e extraindo os produtos produzidos pelo bem. Quanto ao possuidor, em princípio ele também tem o direito de fruição, podendo perceber os frutos da coisa, como é o caso do locatário que consome ou aliena os frutos da árvore localizada no terreno do imóvel alugado ou arrendado, bem como aquele que tem autorização para

---

6. Cf. PEREIRA, Caio Mário da Silva. *Instituições de direito civil*: direitos reais. 18. ed. Rio de Janeiro: Forense, 2004, v. IV, p. 93.

7. Cf. FARIAS, Cristiano Chaves de; ROSENVALD, Nelson. *Curso de direito civil*: reais. 15. ed. Salvador: JusPodvim, 2019, v. 5, p. 309.

8. PEREIRA, Caio Mário da Silva. *Instituições de direito civil*: direitos reais. 18. ed. Rio de Janeiro: Forense, 2004, v. IV, p. 93.

9. FARIAS, Cristiano Chaves de; ROSENVALD, Nelson. *Curso de direito civil*: reais. 15. ed. Salvador: JusPodvim, 2019, v. 5, p. 308.

10. PEREIRA, Caio Mário da Silva. *Instituições de direito civil*: direitos reais. 18. ed. Rio de Janeiro: Forense, 2004, v. IV, p. 94.

11. FARIAS, Cristiano Chaves de; ROSENVALD, Nelson. *Curso de direito civil*: reais. 15. ed. Salvador: JusPodvim, 2019, v. 5, p. 309.

2 • OS DIREITOS E DEVERES DOS CONDÔMINOS E POSSUIDORES

35

sublocar a coisa, auferindo, portanto, os aluguéis. O mesmo se diz dos produtos. Nada obstante, poderá o contrato que levou à cessão da posse direta limitar esses direitos do possuidor, caso em que ele não poderá fruir ou gozar a coisa, ou só poderá fazê-lo de modo limitado.[12]

Quanto à disposição da coisa, esta é, na expressão de Caio Mário da Silva Pereira, "a mais viva expressão dominial",[13] na medida em que consiste na faculdade de transferir a coisa, alienando-a a qualquer título, como através de um contrato de compra e venda, de permuta e de doação. Permite-lhe, ainda, renunciar e abandonar a coisa, o que admitirá, por exemplo, a aquisição por terceiros, como é o caso da usucapião.

Desse modo, a previsão do art. 1.335, I, do Código Civil, que confere ao condômino o direito de dispor da coisa, revela de modo inequívoco a existência de um direito de propriedade exclusivo, e não uma copropriedade. Isso porque o ato de dispor não está condicionado ao exercício do direito de preferência dos demais condôminos, e tampouco exige prévia autorização destes para alienação, o que ocorre diferentemente no condomínio ordinário, consoante o disposto no art. 1.322 do Código Civil. Tudo isso decorre do regime dúplice do condomínio edilício, em que coexistem os regimes da propriedade exclusiva e da propriedade condominial, como bem observa Luiz Edson Fachin:

> O condômino também pode praticar, livremente, atos de disposição sobre o bem de seu domínio individual, alienando-o ou gravando-o de ônus reais, sem que para isso precise de qualquer autorização dos demais condôminos. Trata-se de consequência óbvia da natureza dúplice do condomínio edilício, em que convivem situações de domínio individual com situações de comunhão.[14]

Disso se conclui que o possuidor não tem direito de dispor da coisa, tendo em vista que esta é uma faculdade inerente ao domínio, razão pela qual o locatário ou comodatário que, porventura, aliene a coisa, estará sujeito às consequências legais, sendo nula a chamada venda *a non domino*, isto é, a venda feita por quem não é dono. Sem prejuízo, também poderá o possuidor responder penalmente por crime de estelionato, uma vez que o Código Penal prevê como crime, em seu art. 171, § 2º, I, a chamada *disposição de coisa alheia como própria*.

Por fim, e encerrando o exame dos direitos de uso, gozo e disposição, é preciso repetir e frisar que o exercício de todas essas faculdades pelo condô-

---

12. COELHO, Fábio Ulhoa. *Curso de direito civil*: contratos. 9. ed. São Paulo: Ed. RT, 2020. v. 3.

13. PEREIRA, Caio Mário da Silva. *Instituições de direito civil*: direitos reais. 18. ed. Rio de Janeiro: Forense, 2004, v. IV, p. 94.

14. FACHIN, Luiz Edson. In: AZEVEDO, Antônio Junqueira de (Coord.). *Comentários ao Código Civil*: parte especial do direito das coisas (arts. 1.277 a 1.368). São Paulo: Saraiva, 2003, v. 15, p. 249.

mino, e também pelo possuidor nos casos em que ele tiver o direito, não está condicionado a nenhuma autorização ou concordância dos demais titulares das unidades autônomas, a demonstrar que a relação existente entre os condôminos, no tocante às unidades autônomas, não é propriamente de condomínio, mas de propriedade exclusiva, diferindo-se, portanto, das exigências aplicáveis às relações condominiais previstas no art. 1.314, parágrafo único, do Código Civil, em que um condômino não pode dar posse, uso ou gozo da coisa a terceiros sem o consenso dos demais.

Do ponto de vista prático, a exigência de autorização dos demais condôminos para o exercício das faculdades inerentes à propriedade, tal qual ocorre no condomínio ordinário, inviabilizaria o próprio exercício delas, de modo que se deve assegurar com plenitude o direito de propriedade exclusiva do titular da unidade.

Sem prejuízo, a plenitude desse direito exclusivo sobre a unidade autônoma de usar, gozar e fruir não significa que ele é absoluto. Muito pelo contrário, o próprio legislador, tanto do Código Civil, quanto na lei especial, estabeleceu os limites para o exercício desse direito, que se fundamentam, como já vimos anteriormente, nos direitos de vizinhança, na forma do art. 1.277 do Código Civil.

Nesse sentido, de acordo com a regra do art. 1.277 do Código Civil, o proprietário ou o possuidor do prédio, e no caso dos condomínios edilícios, o proprietário ou o possuidor da unidade autônoma, deverá exercer o seu direito desde que não provoque interferências prejudiciais à segurança, ao sossego ou à saúde dos demais.

b) direito de usar as partes comuns, conforme sua destinação, não excluindo os direitos dos demais

O segundo direito dos condôminos assegurado no Código Civil, e previsto em seu art. 1.335, II, é o de usar das partes comuns, conforme a sua destinação, e contanto que não exclua a utilização dos demais compossuidores.

O referido direito, como será visto, está diretamente associado aos deveres inerentes ao condômino no âmbito de uma relação condominial. O condômino em condomínio edilício tem o pleno direito de uso das partes comuns, mas desde que o faça em conformidade com a destinação prevista na Convenção, e que não impeça que os demais titulares de unidades autônomas também façam o pleno uso delas.

Como exaustivamente vem sendo demonstrado, o condomínio edilício possui um regime particular caracterizado pela coexistência de uma propriedade comum e outra exclusiva. Em relação à propriedade exclusiva, voltada à titularidade das unidades autônomas, o regime do condomínio ordinário não se aplica à perfeição. No entanto, quanto à propriedade das coisas ou partes comuns, é impossível fugir do regramento do condomínio ordinário.

Nessa esteira, a previsão constante do art. 1.335, II, do Código Civil se conforma com a norma disposta no art. 1.314 do Código Civil, que versa sobre o condomínio voluntário, segundo a qual cada condômino pode usar da coisa conforme sua destinação, sobre ela exercer todos os direitos compatíveis com a indivisão, reivindicá-la de terceiro, e defender a sua posse, respeitando-se, contudo, o direito de os demais cotitulares poderem exercer igual direito.

Nada obstante, e também em razão da peculiaridade do condomínio edilício, não poderá o condômino alienar separadamente sua parte ou fração ideal, e tampouco gravá-la, exceto se conjuntamente com a unidade autônoma, uma vez que as partes comuns não podem ser separadas desta, na forma do art. 1.331, § 2o[15] e 1.339 do Código Civil.[16]

Ponto importante a se discorrer sobre este direito de usar as partes comuns, diz respeito à finalidade do seu exercício, que é especificada pelo legislador, a saber, o uso conforme a destinação da coisa. Este é um aspecto relevantíssimo no ambiente condominial, que muitas vezes não é observado pelos condôminos.

Cada condomínio tem, por força de seu ato de constituição, uma destinação, que pode ser residencial, comercial ou mista, abrangendo as duas anteriores. Não são, contudo, incomuns os casos em que o condômino ou possuidor exerce o seu direito em desconformidade com essa destinação prevista na Convenção do condomínio.

Na prática, as Convenções costumam prever essa destinação e expressamente proibir o emprego não apenas das partes comuns, como também das unidades autônomas, para fins diversos, como, por exemplo, em um condomínio residencial prever-se na Convenção que é vedado o uso das unidades autônomas e das partes comuns para fins comerciais, como se fossem salas de escritório ou consultório de profissionais liberais.

---

15. Art. 1.331. [...] § 2o O solo, a estrutura do prédio, o telhado, a rede geral de distribuição de água, esgoto, gás e eletricidade, a calefação e refrigeração centrais, e as demais partes comuns, inclusive o acesso ao logradouro público, são utilizados em comum pelos condôminos, não podendo ser alienados separadamente, ou divididos.

16. Art. 1.339. Os direitos de cada condômino às partes comuns são inseparáveis de sua propriedade exclusiva; são também inseparáveis das frações ideais correspondentes as unidades imobiliárias, com as suas partes acessórias. § 1o Nos casos deste artigo é proibido alienar ou gravar os bens em separado. § 2o É permitido ao condômino alienar parte acessória de sua unidade imobiliária a outro condômino, só podendo fazê-lo a terceiro se essa faculdade constar do ato constitutivo do condomínio, e se a ela não se opuser a respectiva assembleia geral.

Nesse caso dos condomínios residenciais a questão é extremamente sensível, e as proibições previstas nos atos de constituição do condomínio têm dois propósitos fundamentais.

O primeiro objetivo dessas limitações, e da necessidade de observância da destinação prevista para o condomínio na Convenção, é impedir o fluxo constante e frequente de pessoas no prédio, o que obviamente causa incômodo, pela grande movimentação, além do risco para a segurança, na medida em que uma multiplicidade de pessoas estranhas passa a circular nos corredores e demais áreas comuns.

Então, e por exemplo, o condômino que exerce a atividade profissional de educação física como *personal trainer* não pode usar a sala de ginástica ou academia do prédio para receber seus alunos particulares, na medida em que estará dando à parte comum destinação diversa daquela prevista no ato de constituição, pois a estará utilizando com fins econômico-comerciais. Do mesmo modo não pode o condômino advogado usar os espaços comuns do condomínio para receber clientes ou fazer reuniões de trabalho, exceto se o próprio condomínio tiver um espaço destinado para tal, o que vem se tornando comum. No entanto, caso não haja essa permissão, estará o condômino exercendo o seu direito em desconformidade com o autorizado na lei e na Convenção.

O segundo objetivo da necessidade de uso das partes comuns em conformidade com a destinação do condomínio, é manter a organização do próprio condomínio, evitando-se que se percam suas características, o que obviamente levará a uma desvalorização do conjunto e, consequentemente, das unidades autônomas individualmente.

Por essas razões, é importantíssimo que o condômino use as partes comuns conforme a destinação prevista na Convenção, pois apenas assim estará ele exercendo o seu direito legitimamente.

Nada obstante, e sem embargo da necessidade de o condômino dar às partes comuns, a destinação prevista, o ordenamento jurídico autoriza que os condôminos deliberem e aprovem a alteração desta destinação, assim como das próprias unidades autônomas.

Tal possibilidade, contudo, e como destacado no parágrafo anterior, só pode se dar mediante deliberação assemblear, cujo quórum de aprovação, hoje, é de 2/3 dos condôminos, conforme dispõe o art. 1.351 do Código Civil, cuja redação foi alterada pela Lei 14.405/2022. Originariamente exigia-se, para a referida modificação, quórum de unanimidade, o que foi reduzido pela nova lei, a qual será aplicada imediatamente, inclusive sobre Convenções anteriores que prevejam o quórum mais gravoso.

Outra questão a ser destacada é a da possibilidade prevista na lei civil de uso exclusivo de áreas comuns pelos condôminos, situação essa que muitas vezes é prevista também na Convenção. É o caso do condômino que titulariza a unidade correspondente à cobertura, e a área do terraço só é acessada pela sua unidade. Em tais situações, é comum as Convenções preverem o uso exclusivo do espaço pelo proprietário da cobertura, como autoriza o § 5º do art. 1.331 do Código Civil, caso em que será de responsabilidade dele a manutenção da área, conforme regra do art. 1.340 do Código Civil.

Em relação ao uso da área do terraço pelo proprietário da cobertura, essa é uma questão de grande sensibilidade, na medida em que uso exclusivo da parte comum pelo condômino não lhe dá direito absoluto sobre o espaço, de fazer o que bem quiser. Deverá ele obrigatoriamente observar os limites e restrições impostas pela Convenção, sob pena de se sujeitar às penalidades legais e convencionais, assim como às medidas judiciais cabíveis.

Dizemos isso porque, nos casos das coberturas, é muito comum que seus proprietários, ao arrepio da Convenção, construam no espaço do terraço, aumentando, e muitas vezes até duplicando, a área de seu apartamento. Tal conduta é inequivocamente ilícita, e sujeitará o condômino, inclusive, à demolição de sua obra.

Cumpre-nos observar que muitas vezes o condômino logra obter junto aos órgãos públicos a licença para a construção, que estará, sob a ótica administrativa, legalizada. No entanto, essa licença e legalização não afeta as relações condominiais, na medida em que são esferas distintas de controle e regularidade. Isso significa que, mesmo que a obra esteja em conformidade com as posturas municipais, caso a Convenção a proíba, não terá o condômino direito à sua manutenção, podendo, sim, se sujeitar à pena de demolição.

Última questão a ser observada diz respeito à possibilidade, ou não, de se prever a suspensão ou supressão do direito de uso das partes comuns a determinado condômino, por exemplo, como forma de sanção pelo descumprimento de algum dos deveres legais ou convencionais, como o de contribuir para as despesas do condomínio. Não são raros os casos de condomínios em que se delibera na Assembleia tal punição ao condômino, ou mesmo que preveja essa possibilidade de sanção na Convenção, de modo a proibir o uso de piscinas, áreas de lazer e até mesmo elevador ou outros serviços essenciais.

A nosso sentir, tal medida é inválida e abusiva, na medida em que é inerente à estrutura condominial e, consequentemente, à relação jurídica dos condomínios edilícios o direito de o condômino usar as partes comuns, impedindo-se apenas o uso em desconformidade com a destinação do condomínio. Além disso, tal restrição acarreta inequívoco constrangimento ilegal, em ofensa à dignidade da pessoa humana do condômino, sujeitando o condomínio a medidas judiciais que façam cessar os efeitos dessa sanção, sem prejuízo da reparação por danos morais ao condômino lesado, como já foi decidido, inclusive, pelo Superior Tribunal de Justiça.[17]

c) direito de votar nas deliberações da assembleia e delas participar, estando quite

O terceiro direito do condômino em condomínio edilício, assegurado no Código Civil, é aquele previsto em seu art. 1.335, III, a saber, o de votar nas deliberações da assembleia e delas participar, estando quite.

Trata-se, pois, de um direito político do condômino, de participar direta e ativamente do condomínio e da tomada de suas decisões. Por certo, por cotitularizar as partes comuns, e por ter a sua unidade autônoma inserida no edifício estruturado sob um condomínio edilício, é direito do condômino participar e votar nas deliberações que ocorrem, como regra, no ambiente assemblear.

Admite-se, no exercício desse direito, que o condômino seja representado por procurador, devendo o titular da unidade outorgar poderes por meio de procuração, a qual deverá observar as exigências previstas na Convenção. Veja-se que o Código Civil não traz formalidades ou exigências especiais para o instrumento do mandato, de modo que caberá à Convenção disciplinar a matéria.

Então, poderá a convenção exigir, por exemplo, procuração com poderes especiais, prazo máximo de validade de instrumento, e até mesmo que a assinatura seja reconhecida por firma. Recomendamos, a propósito, que seja limitada a outorga de procurações a determinado procurador, evitando-se o *comércio de procurações* no ambiente do condomínio. Expliquemos.

São comuns os casos em que o síndico em exercício, ou outro condômino, receba dezenas de procurações para representar os condôminos que não desejam ou não possam participar da Assembleia, o que dá ao representante um poder muitas vezes absoluto, de decidir os rumos do condomínio. Não são raros os casos de síndicos que se eternizam no cargo porque a maioria dos condôminos renuncia ao seu direito de fiscalização e de participação política no condomínio, e por isso outorga poderes de representação ao síndico para representá-lo nas Assembleias. O síndico, então, munido dessas procurações, se reelege, e toma as decisões que melhor lhe convier. Por isso, recomendamos que as Convenções limitem a duas ou, no máximo, três procurações para cada procurador, evitando-se esses nefastos efeitos.

---

17. REsp 1564030. Relator Ministro Marco Aurélio Bellizze. Terceira Turma. DJe 19.08.2016; REsp 1401815 / ES. Relatora Min. Nancy Andrighi. Terceira Turma. DJe 13.12.2013.

Ainda quanto ao direito de participar da Assembleia, estará ele suprimido se o condômino estiver inadimplente. Como veremos no item 2.1.2 deste Capítulo, voltado ao exame dos deveres dos condôminos e possuidores, o primeiro e principal dever do condômino é o de contribuir para as despesas do condomínio. Nesse sentido, por não estar cumprindo com sua obrigação de custeio e sustento da estrutura condominial, não poderá sequer participar das deliberações coletivas, afastando-se, portanto, até mesmo seu direito de voz nas assembleias, uma vez que sua manifestação poderia, eventualmente, influenciar na deliberação, o que não seria admissível.

Na medida em que o condômino não contribui para as despesas do condomínio, o que prejudica a todos, não tem ele o direito de participar das decisões que afetem o condomínio, limitação essa que, se não imposta, levaria a um contrassenso, caracterizando-se, inclusive, como um conflito de interesses. Isso porque, ao estar em mora com sua obrigação, está o condômino lesando o condomínio, e suas manifestações obviamente seriam tomadas visando atender seus interesses. Como poderia, pois, permitir-se a um condômino que está lesando o condomínio, participar e influenciar em uma decisão que vise atender seus interesses? Não poderá.

Como último ponto a ser tratado quanto a este direito, cumpre-nos tecer breves observações sobre o direito de o possuidor não proprietário participar e votar nas Assembleias. Em princípio não poderá ele participar das deliberações assembleares, na medida em que, por consistir a Assembleia na reunião de condôminos visando tratar das questões envolvendo os interesses comuns dos proprietários, o possuidor não tem legitimidade e interesse de participar. No entanto, poderá a Convenção autorizar essa participação, sem prejuízo de o proprietário da unidade outorgar poderes de representação para o possuidor participe em seu lugar.

Esses são, portanto, os principais direitos dos condôminos, e por essa razão estão previstos em lei, não podendo ser suprimidos pela Convenção ou por deliberação assemblear.

Por outro turno, e correlacionados aos direitos, traz o Código Civil também o rol dos principais deveres dos condôminos, que impõem sua observância e cumprimento independentemente de previsão convencional.

Note-se que o estudo dos deveres dos condôminos é relevantíssimo para o presente estudo, na medida em que é o descumprimento desses deveres, especialmente os reiterados, que levarão à caracterização do condômino ou possuidor como nocivo e também como antissocial, com todas as suas repercussões, o que é o objeto deste trabalho. Vamos, então, à sua análise.

2.1.2 Deveres dos condôminos e possuidores

Prevê o art. 1.336 do Código Civil que são deveres dos condôminos, à semelhança do que dispõem os arts. 10 e 12 da Lei 4.591/1964, (i) contribuir para as despesas do condomínio na proporção das suas frações ideais, salvo disposição em contrário na Convenção; (ii) não realizar obras que comprometam a segurança da edificação; (iii) não alterar a forma e a cor da fachada, das partes e esquadrias externas; (iv) dar às suas partes a mesma destinação que tem a edificação, e não as utilizar de maneira prejudicial ao sossego, salubridade e segurança dos possuidores, ou aos bons costumes; e (v) não embaraçar o uso das partes comuns.

Assim como fizemos na análise dos direitos dos condôminos e possuidores, vamos ao exame individualizado de cada um dos deveres para uma melhor compreensão do seu regime.

a) dever de contribuir para as despesas do condomínio

O principal dever dos condôminos, e também dos possuidores, como já explicitado em momento anterior, é o de contribuir para as despesas do condomínio, e por essa razão figura no inciso I do art. 1.336 do Código Civil, assim como no art. 12 da Lei 4.591/1964, que em redação mais detalhada prevê que "Cada condômino concorrerá nas despesas do condomínio, recolhendo, nos prazos previstos na Convenção, a quota-parte que lhe couber em rateio".

A subsistência do condomínio depende, por certo, da contribuição dos condôminos e possuidores. Sem esta, a estrutura condominial falirá. Por essa razão, é esta a primeira e principal obrigação dos condôminos e dos possuidores, a saber, contribuir para as despesas ordinárias e extraordinárias do condomínio, sendo que estas últimas se limitam aos condôminos, sendo vedado atribuir ao mero possuidor o dever de arcar com as despesas extraordinárias.

E isso porque as despesas extraordinárias são aquelas que reverberam sobre a estrutura do condomínio, afetando o direito do proprietário, de modo que não se pode atribuir ao possuidor e dever de contribuir para o seu sustento. Como exemplo temos a Lei do Inquilinato que prevê, em seu art. 22, X, que é dever do locador pagar as despesas extraordinárias do condomínio. Cumpre destacar que a referida norma não é dispositiva, e sim de ordem pública, de modo que não podem as partes, no contrato de locação, preverem que caberá ao locatário pagar as referidas despesas. A Lei do Inquilinato é lei cogente, possuindo, inclusive, em seu art. 45, uma cláusula geral de nulidade, que dispõe ser nula de pleno direito toda e qualquer disposição contratual que contrarie as finalidades da lei. Assim, apenas se poderá prever de modo contrário no contrato aquilo que a própria lei

2 • OS DIREITOS E DEVERES DOS CONDÔMINOS E POSSUIDORES

autorizar, como é o caso, por exemplo, da obrigação do locador de pagar os impostos e taxas do imóvel, prevista no art. 22, VIII. Para estas despesas, a norma legal prevê expressamente que se trata de um dever de o locador custeá-las, *salvo disposição expressa em contrário do contrato*. Assim, não havendo autorização expressa na lei de inversão da obrigação de pagamento, esta não será possível.

O Código Civil, em seu art. 1.336, I, assim como o previsto no art. 12, § 1º, da Lei 4.591/1964, dispôs que essa contribuição se dará na proporção da fração ideal de cada condômino, salvo se previr, a Convenção, de modo diverso. Então, como regra, e na omissão da Convenção, a contribuição de cada condômino ou possuidor para as despesas do condomínio será proporcional à infração ideal da unidade. Poderá, contudo, a Convenção dispor de modo diverso, o que comumente ocorre na prática, estabelecendo, por exemplo, valores iguais de contribuição para todos os condôminos, independentemente de sua fração ideal, ou prevendo contribuições diversas levando-se em conta a metragem do imóvel, e não propriamente a sua fração ideal sobre o terreno.

O legislador, então, conferiu aos condôminos a liberdade de estabelecerem originalmente na Convenção, quando da constituição do condomínio, ou mediante posterior alteração do instrumento, que deverá observar o quórum de 2/3 dos condôminos, na forma do art. 1.351 do Código Civil, critério diverso de divisão das contribuições dos condôminos, que não necessariamente será o da fração ideal de terreno de cada unidade.

Esse novo critério, contudo, deverá necessariamente ser objetivo, vedando-se, pois, a adoção de critérios subjetivos, aleatórios, que permitam discriminações ou perseguições pessoais, como nos casos comuns em que se estabelece, pura e simplesmente, que as coberturas pagarão cota condominial dobrada. A referida disposição é abusiva e ilícita, pois não estabelece um critério objetivo. O critério objetivo de fixação do valor da cota deve ser passível de aplicação indistinta a todas as unidades, como é o caso da fração ideal ou da metragem do imóvel, em que apenas se calculará o valor. O critério, contudo, é comum a todos, embora o valor seja diferente.

Disposição abusiva, então, é aquela em que se atribui, individualmente, para cada unidade um determinado valor, sem que se observe um critério comum e objetivo. Ainda em relação ao caso comum envolvendo as coberturas, o simples argumento de que elas trazem mais despesas porque, por exemplo, têm piscina, ou são maiores e podem ter mais moradores, não é, com todas as vênias, um argumento válido. Isso porque o fato de ser uma cobertura, por si só, não significa trazer mais despesas para o condomínio. É possível, por exemplo, que uma unidade simples tenha mais moradores do que a cobertura e, por isso, utilize mais água. Por essa razão, e para evitar discriminações ou perseguições, impõe-se a previsão de um critério objetivo e uniforme de fixação do valor da cota condominial.

Outra questão atinente ao dever de contribuir para as despesas do condomínio diz respeito às formas de cobrança do condômino inadimplente. Sobre essa questão, e uma primeira observação, é que o condomínio deverá se utilizar das formas legais de cobrança, sendo inadmissível o emprego de medidas que sujeitem o condômino em mora a constrangimento. Com efeito, colocar em elevadores o rol de condôminos ou possuidores, ou fazer circular avisos entre condôminos e possuidores, com a lista de inadimplente, se consubstancia em constrangimento ilegal, sujeitando o condomínio à responsabilização por inequívoca ofensa à dignidade da pessoa humana e por se caracterizar como abuso do direito[18] e exercício arbitrário das próprias razões.

Assim, no caso de inadimplência, deverá o condomínio se utilizar das ações judiciais para a cobrança, como a ação de cobrança, que segue o rito comum, e, desde o advento do Código de Processo Civil de 2015, também a ação de execução. Sobre esta última, alguns comentários práticos devem ser feitos.

Desde o advento do CPC/2015, o crédito referente às contribuições ordinárias e extraordinárias do condomínio edilício passou a figurar no rol dos títulos executivos extrajudiciais, mais especificamente no art. 784, X, CPC. No entanto, e à toda evidência, o crédito em si não pode ser considerado um título executivo, sendo necessário que ele esteja corporificado em um título ou documento. Por essa razão, o legislador previu que as referidas contribuições, para se caracterizarem como título executivo extrajudicial, precisam estar *previstas na respectiva convenção ou aprovadas em assembleia geral, desde que documentalmente comprovadas.*

Isso significa que o título executivo não é, propriamente, a contribuição ou o crédito em si, mas sim o documento que comprova o valor, líquido, certo e exigível a ser executado. Disso se infere que, para a execução do crédito, é preciso que o valor da cota esteja especificado de modo certo na Convenção ou na ata da Assembleia que o definiu. E esse é um equívoco comumente ocorrido na prática. Não são incomuns os casos de condomínios que se utilizam da via executiva apenas apresentando uma planilha de débitos e a cópia do boleto, sem a demonstração de que o valor certo da cota está previsto na Convenção ou em Assembleia. Nos casos de ausência de tais previsões, só restará ao condomínio a via ordinária, isto é, a ação de cobrança. Então, e para que não haja dúvidas, a execução da cota só será possível se o valor estiver liquidamente especificado na Convenção ou em ata de Assembleia, sob pena de inexistir título executivo e, consequentemente, não se sujeitar à execução de título extrajudicial.

---

18. No mesmo sentido, Marco Aurélio Bezerra de. *Direito civil*: coisas. 3. ed. Rio de Janeiro: Forense, 2019, p. 276.

2 • OS DIREITOS E DEVERES DOS CONDÔMINOS E POSSUIDORES

b) dever de não realizar obras que comprometam a segurança da edificação

O segundo dever, de particular relevância, é o de não realizar obras que comprometam a segurança da edificação, e está previsto no art. 1.336, II, do Código Civil. Trata-se de dever diretamente atrelado ao direito à vida, saúde e segurança de todos os condôminos, e também daqueles que ocupam e transitam pela edificação por motivo de trabalho, como os empregados do condomínio e prestadores de serviço, bem como os demais possuidores pelos mais variados títulos, como comodatários e locatários.

Assim, dado o evidente risco para toda a coletividade de pessoas, e não apenas para aquele que realiza as obras, é vedado ao condômino realizar obras que venham a comprometer a solidez e a segurança da edificação. Também por essa razão, impôs a lei civil ao administrador do condomínio – o síndico – o dever de diligenciar a conservação e a guarda das partes comuns, exercendo verdadeiro poder de polícia interna da comunidade,[19] de modo que lhe é legítimo, inclusive, fiscalizar as obras realizadas pelos condôminos, por exemplo, exigindo a apresentação do respectivo projeto, da Anotação de Responsabilidade Técnica – ART assinada por engenheiro civil, bem como a comprovação de que estas foram aprovadas pelas autoridades, cumprindo-se a legislação em vigor.

A inobservância de tal dever sujeitará o condômino, e também o possuidor, infrator a medidas judiciais para embargo e demolição da obra, não tendo, por óbvio, nenhum direito de ser indenizado pelos prejuízos que porventura vier a sofrer pelo embargo ou demolição.

c) dever de não alterar a forma e a cor da fachada, das partes e esquadrias externas

O terceiro dever, previsto no art. 1.336, III, do Código Civil e nos incisos I e II do art. 10 da Lei 4.591/64, é o de não alterar a forma e a cor da fachada, das partes e esquadrias externas. Sobre a referida vedação, a razão pela qual não pode o condômino fazer tais modificações é o fato de que, em se tratando de área comum, o poder de disposição sobre ela é de todos os condôminos, e não de apenas um deles individualmente.[20] Por isso, para que haja a alteração de partes comuns, é preciso que os condôminos, reunidos em assembleia, a aprovem.

---

19. VIANA, Marco Aurelio S. In: TEIXEIRA, Sálvio de Figueiredo (Coord.). *Comentários ao novo Código Civil*: dos direitos reais. Arts. 1.225 a 1.510. 3. ed. Rio de Janeiro: Forense, 2007, v. XVI, p. 544.
20. FACHIN, Luiz Edson. In: AZEVEDO, Antônio Junqueira de (Coord.). *Comentários ao Código Civil*: parte especial do direito das coisas (arts. 1.277 a 1.368). São Paulo: Saraiva, 2003, v. 15, p. 253.

Por outro lado, é preciso destacar que tais alterações devem ser aprovadas pela coletividade porque devem, preferencialmente, ser feitas coletivamente. Isso porque a alteração da forma ou cor da fachada, assim como das partes e esquadrias externas, se feitas individualmente levarão à quebra do padrão e do conjunto arquitetônico da edificação,[21] levando à desvalorização de todas as demais unidades e partes comuns, ou seja, do condomínio como um todo, causando prejuízo aos cotitulares.

Alguns exemplos comuns de obras e serviços realizados que se caracterizam como alteração de fachada podem ser destacados.

O primeiro deles é da instalação de máquinas de ar-condicionado do tipo *split* nas paredes externas do prédio. A instalação desordenada e não padronizada pode caracterizar alteração de fachada, dada a quebra da harmonia arquitetônica da edificação. Na jurisprudência do Superior Tribunal de Justiça, inclusive, encontramos precedentes entendendo ser válida a proibição, na Convenção, de instalação das referidas máquinas.[22] Assim, para que se possa fazer tal instalação, é preciso que haja autorização na Convenção ou, não havendo autorização, ao menos não haja proibição. Nesses casos em que não há regulamentação, a questão deverá submetida à Assembleia para aprovação.

Outro exemplo é o das chamadas *cortinas de vidro*, isto é, o fechamento das varandas com envidraçamento. Durante muito tempo o fechamento das varandas com vidro foi proibido nos condomínios, notadamente nas Convenções, por se caracterizar inequivocamente como alteração de fachada, como já reconheceu inúmeras vezes o Superior Tribunal de Justiça.[23] Com o tempo, contudo, as Con-

---

21. No mesmo sentido, VIANA, Marco Aurelio S. In: TEIXEIRA, Sálvio de Figueiredo (Coord.). *Comentários ao novo Código Civil*: dos direitos reais. Arts. 1.225 a 1.510. 3. ed. Rio de Janeiro: Forense, 2007, v. XVI, p. 497.

22. Ver, exemplificativamente, AgInt no AREsp 1009663 / SP. Relator Min. Moura Ribeiro. Terceira Turma. DJe 06.09.2018.

23. Veja trecho da ementa do Agravo em Recurso Especial 1917147, da relatoria do Ministro Marco Buzzi: "No mérito, a controvérsia cinge-se ao exame da correição da sentença que condenou a ré/apelante à obrigação de construir as paredes do apartamento de acordo com o projeto original da edificação, bem quanto à obrigação de retirar a cortina de vidro por se encontrar em desacordo com a fachada do prédio. 4. Consultando a perícia judicial (fls. 215/217), extrai-se dela três conclusões: (i) a obra já se encontra finalizada, não subsistindo o pedido de nunciação de obra nova, no entanto persiste o interesse em reconstruir as paredes e remover as cortinas de vidro; (ii) não houve comprometimento da estabilidade da estrutura construtiva do edifício; (iii) a aplicação da cortina de vidro e a retirada da parede com esquadria a qual dividia a sacada da sala alterou a fachada original do prédio, estando discrepante em relação ao conjunto arquitetônico das torres que compõem o condomínio. 5. Desse modo, no presente caso, vislumbra-se que a ré/apelante efetivamente alterou a fachada do edifício, em desacordo com o Regimento Interno do condomínio e em inobservância à legislação aplicável à espécie (art. 1336, I e II, do Código Civil e art. 10, 1 e II, da Lei 4.591/64), razão pela qual deve reconstruir a parede que dividia a sala da sacada bem quanto deve retirar a cortina de vidro, devendo, portanto, a sentença ser mantida. 6. Recurso conhecido e não provido". AREsp 1917147. Relator Min. Marco Buzzi. Quarta Turma. DJe 22.09.2021.

venções passaram a admiti-lo, estabelecendo um padrão para esse fechamento. Mas, na ausência de previsão convencional, diversos condomínios passaram a deliberar em Assembleia sobre o tema. Nesses casos, é comum se estabelecer um padrão, a fim de que não se perca a harmonia da edificação, além de dever ser apresentado um estudo prévio comprovando a ausência de risco, por exemplo, de desabamento das varandas em razão do sobrepeso causado pela colocação dos vidros. Assim feito, tem-se entendido pela possibilidade de fechamento das varandas com cortina de vidro.

Último exemplo que entendemos por bem trazer é o da retirada das esquadrias da varanda, a fim de se fazer a ampliação da sala até os limites da sacada da varanda, também com o consequente fechamento desta com cortina de vidro. Essa é outra questão polêmica, e que sempre desagua no Poder Judiciário. Trata-se de prática também não rara, em que o condômino retira as paredes internas da varanda e nivela o piso desta com o da sala, a fim de ampliar este último ambiente. Do mesmo modo, a retirada das esquadrias da varanda provoca alteração de fachada pela quebra do conjunto arquitetônico, de modo que, não havendo autorização na Convenção, ou pela Assembleia, caberá ao condômino reconstruir ao parede que dividia a sala da varanda.

d) dever de dar às suas partes a mesma destinação que tem a edificação, e não as utilizar de maneira prejudicial ao sossego, salubridade e segurança dos possuidores, ou aos bons costumes

O próximo dever que se impõe aos condôminos, e também aos possuidores, está previsto no art. 1.336, IV, do Código Civil, e no art. 10, III, da Lei 4.591/1964, e tem especial relevância para o nosso estudo, pois é aquele que mais suscita questionamentos sobre a conduta antissocial de um condômino. Ao fazermos tal afirmação não queremos dizer que o descumprimento dos demais deveres não levem, quando praticados por um condômino, à caracterização da antissocialidade que autoriza a adoção das medidas legalmente previstas para a coibição e cessação da conduta. Mas os casos práticos mais comuns de aplicação de sanções ao condômino antissocial dizem respeito à violação do dever que agora se examinará.

Na forma dos dispositivos anteriormente mencionados, é dever do condômino dar à sua unidade e às partes comuns a mesma destinação que tem a edificação, assim como lhe é vedado as utilizar de modo prejudicial ao sossego, salubridade e segurança dos demais condôminos e possuidores dos imóveis integrantes do condomínio.

O primeiro ponto destacado nos dispositivos é, por si só, um dever autônomo, ou seja, deve o condômino respeitar a destinação da edificação, não utilizando sua unidade autônoma, e tampouco as partes comuns, com fim diversos daqueles previstos na Convenção. Trata-se de disposição que visa harmonizar os interesses da coletividade, conciliando aqueles do titular da unidade com os dos demais vizinhos.[24] Com efeito, viola o referido dever o condômino que, a despeito de residir em um condomínio residencial, utiliza sua unidade autônoma com fins comerciais (monta um consultório médico, por exemplo), ou mesmo as partes comuns, como é o caso, por exemplo, do condômino que utiliza a academia de ginástica do condomínio para dar aulas particulares para alunos convidados a ingressar no prédio.

Então, o condômino ou possuidor que se qualifica, por exemplo, como médico ou psicólogo, não pode ficar clinicando e atendendo pacientes nas partes comuns, e tampouco em sua unidade residencial, assim como o advogado também não pode utilizar a área comum e o seu apartamento ou casa situada no âmbito de um condomínio como escritório para atendimento de clientes e realização de reuniões de trabalho. Pensem, ainda, em situações mais graves, e que não são raras de acontecer em determinadas localidades, que são aquelas em que o(a) condômino(a) ou possuidor(a) é profissional do sexo, e recebe sua variedade de clientes no condomínio e, especialmente, em sua unidade autônoma. Levando-se em consideração que um condomínio residencial visa abrigar famílias, é induvidoso que tal comportamento contraria os mais comezinhos direitos e princípios que permeiam as relações condominiais edilícias, notadamente os bons costumes.

Ponto sensível e atualíssimo diz respeito à utilização de unidades residenciais para hospedagem na modalidade *Airbnb*. A questão é controvertidíssima, e sempre adotamos o entendimento de que, nos casos de condomínios residenciais, o uso da unidade para essa destinação feriria a destinação prevista para o condomínio, por se caracterizar, a nosso sentir, como um uso comercial da coisa. A nosso ver, o *Airbnb* e outras ferramentas tecnológicas e virtuais assemelhadas, que visam a ocupação temporária e o compartilhamento do imóvel, têm natureza de contrato de hospedagem/hotelaria, contrato esse atípico e de caráter eminentemente comercial. Além disso, acreditamos que o seu emprego nos condomínios edilícios coloca em risco a coletividade de condôminos e possuidores, na medida em que passa a haver um grande fluxo de pessoas desconhecidas no condomínio. A sua autorização, então, depende de previsão na Convenção, que pode, inclusive,

---

24. VIANA, Marco Aurelio S. In: TEIXEIRA, Sálvio de Figueiredo (Coord.). *Comentários ao novo Código Civil*: dos direitos reais. Arts. 1.225 a 1.510. 3. ed. Rio de Janeiro: Forense, 2007, v. XVI, p. 501.

proibi-la expressamente,[25] entendimento esse que acabou acolhido na jurisprudência do Superior Tribunal de Justiça.[26]

Há, no entanto, vozes em sentido contrário entendendo que os referidos contratos se qualificam como locação para temporada, regidos pela Lei 8.245/1991 (Lei do Inquilinato) a partir do seu art. 48.[27] Segundo esse entendimento, esses contratos virtuais de compartilhamento e ocupação temporária de imóveis não se consubstanciariam em nova modalidade contratual, mas se amoldam perfeitamente à natureza jurídica de contrato de locação de imóvel urbano, embora celebrados sob a forma eletrônica. E se assim se caracterizam, nula é a disposição da Convenção que proíba que o condômino ou o possuidor dê o imóvel em locação, o mesmo se aplicando a eventual decisão assemblear que o impeça de fazê-lo. Nesse sentido, vejamos a expressa manifestação de meu saudoso mestre e amigo Sylvio Capanema de Souza:[28]

> Por outro lado, ao disciplinar as locações por temporada, a Lei do Inquilinato limitou-se a fixar, para elas, um prazo máximo de 90 dias, como antes assinalado.
>
> Mas não aludiu ao prazo mínimo, até porque, na época em que foi promulgada, não se poderiam prever as profundas modificações que a tecnologia provocou no mercado locativo.
>
> Diante do silêncio da lei, não seria possível ao intérprete distinguir onde a lei não o faz.
>
> Portanto, desde que não se ultrapasse o prazo de 90 dias, a locação se considera por temporada, a ela se aplicando a regra da lei do inquilinato.
>
> Também por isso se sustenta que nulas seriam as disposições incluídas nas convenções dos condomínios que limitassem o direito de o condômino alugar sua unidade, ainda que por prazos muito exíguos.

Vê-se, portanto, que a questão é extremamente controvertida, e que, a nosso sentir, merece urgente regulamentação legal a fim de pacificar os inúmeros conflitos que ainda subsistem, e que se crê que estão longe de serem resolvidos.

O segundo ponto destacado no art. 1.336, IV, do Código Civil e no art. 10, III, da Lei 4.591/1964, é a observância dos chamados três "s" da vida em condo-

---

25. No mesmo sentido, VENOSA, Sílvio de Salvo. *Direito civil:* reais. 22. ed. São Paulo: Atlas, 2022, v. 4, p. 334.

26. Ver, sobre o tema, os seguintes precedentes: AgInt nos EDcl no AREsp 1479157 / SP. Relatora Min. Maria Isabel Gallotti. Quarta Turma. DJe 17.10.2022; REsp 1884483 / PR. Relator Min. Ricardo Villas Bôas Cueva. Terceira Turma. DJe 02/02/2022; REsp 1819075 / RS. Relator Min. Luis Felipe Salomão. Relator p/ Acórdão Min. Raul Araújo. Quarta Turma. DJe 27.05.2021.

27. Nesse sentido, Sylvio Capanema de Souza (SOUZA, Sylvio Capanema de. *A lei do inquilinato comentada:* artigo por artigo. 12. ed. Rio de Janeiro: Forense, 2020, p. 244) e José Acir Lessa Giordani (GIORDANI, José Acir Lessa. Locação por temporada e as modernas formas de ocupação do imóvel urbano. In: BARBOZA, Heloisa Helena; GAMA, Guilherme Calmon Nogueira da; NEVES, Thiago Ferreira Cardoso (Coord.). *Lei do inquilinato:* exame dos 30 anos da lei de locação urbana. Estudos em homenagem ao Professor Sylvio Capanema de Souza. Indaiatuba: Foco, 2021, p. 348-352).

28. SOUZA, Sylvio Capanema de. *A lei do inquilinato comentada:* artigo por artigo. 12. ed. Rio de Janeiro: Forense, 2020, p.244.

mínio: o respeito ao sossego, à salubridade e à segurança dos demais condôminos e possuidores das unidades autônomas. De tão importante, esses também são os pilares do direito de vizinhança, como já foi observado no item 1.3 do Capítulo 1 de nosso livro, em que o art. 1.277 do Código Civil prevê que o proprietário e o possuidor de um prédio têm o direito de fazer cessar toda e qualquer interferência que afete à segurança, ao sossego e à saúde dos vizinhos.

Há uma infinidade de exemplos de condutas e posturas violadoras destes importantes direitos da vida em condomínio, de modo que buscaremos abordar aqueles mais comuns, tendo em vista que seria impossível trazer todos os casos possíveis e imagináveis.

Quanto ao direito ao sossego, este é essencial, e se reflete inequivocamente no sentimento de paz e tranquilidade que deve ser assegurado a todas as pessoas que vivem em um ambiente condominial e de vizinhança. Em um condomínio com finalidade comercial, o sossego é fundamental para a execução das atividades profissionais. Já em um condomínio residencial o direito ao sossego é ainda mais evidente, pois a unidade se destina à moradia e, consequentemente, ao descanso e repouso do condômino e de sua família. Na feliz expressão de Martinho Neves Miranda, "o direito não socorre aos que dormem, mas socorre aqueles que querem dormir em paz".[29]

Os casos mais comuns de violação do direito ao sossego são, induvidosamente, aqueles que dizem respeito ao condômino ou possuidor ruidoso. São comuníssimas as reclamações de condôminos que usam aparelhos de som "nas alturas", ou que promovem festas até altas horas da noite, não permitindo aos demais desfrutar de uma noite de sono. Sobre esses casos, é importante destacar que não basta ao condômino respeitar o limite máximo de ruído estabelecido pelas legislações municipais. O uso frequente do som alto, ainda que dentro deste limite, importa inequivocamente em violação ao sossego, que ao fim e ao cabo também repercute na saúde e na qualidade de vida dos demais condôminos.

Ponto polêmico nas questões envolvendo ruído é aquele atinente aos animais. Também não são raros os casos de condôminos ou possuidores que têm animais de estimação que emitem altos sons diuturnamente, não permitindo a ninguém ter descanso e paz.

Certo é que aqui não se está defendendo a proibição de permanência de animais domésticos em unidades autônomas, questão essa que há muito foi superada na jurisprudência, no sentido de ser abusiva a proibição, até mesmo

---

29. MIRANDA, Martinho Neves. A possibilidade jurídica de exclusão do condômino antissocial. *Revista da EMERJ*, v. 13, n. 49, p. 211, Rio de Janeiro, 2010.

em Convenções, exceto em situações excepcionalíssimas, quando se vedam determinadas espécies de animais ou mesmo raças de cães tidas como perigosas.

Sem embargo dessa inequívoca possibilidade de o condômino ter o seu *pet*, o fato é que em determinados casos o animal de estimação tem um comportamento/temperamento que torna insustentável a vida no condomínio, como é o caso de certos cães que latem ininterruptamente, e as vezes são até mantidos na varanda da unidade durante a noite, impedindo que os demais moradores descansem. Em casos tais, é inequívoco que o síndico ou, a depender da previsão na Convenção, e a gravidade da situação, a Assembleia deverá tomar uma decisão que poderá importar, inclusive, na obrigatoriedade de o condômino não ter mais o animal em sua unidade.

Em relação ao direito à salubridade, este diz respeito à manutenção de um ambiente sadio e saudável, ou seja, que preserve a saúde e a vida dos condôminos. Como exemplo temos outra questão comum envolvendo animais domésticos e que suscita inúmeros problemas no tocante ao direito à salubridade e saúde. Como vimos anteriormente, é cada vez mais comum que condôminos tenham em suas unidades os chamados *pets*, que servem de companhia para os moradores do apartamento e que também têm, em inúmeras hipóteses, fins terapêuticos. A par de condomínios que os proíbem, o que suscita discussões doutrinárias e jurisprudenciais como mencionamos acima, a maioria os admite, o que leva, em algumas situações, a questões atinentes a excessos e abusos. Não é difícil ver casos de condôminos e possuidores que têm em suas unidades um número excessivo de animais, não mantendo um asseio adequado, o que causa problemas de saúde para a coletividade, além do incômodo causado pelo mau-cheiro.

Por fim, o direito à segurança, bem jurídico este tão caro nos dias atuais. A questão atinente à segurança é um dos fatos sociais mais atuais e motivo de grande preocupação nas sociedades modernas, sobretudo nos ambientes urbanos. Por isso, nos condomínios edilícios são cada vez mais comuns a busca por medidas que visem resguardar a segurança dos condôminos, como a instalação de câmeras, alarmes, luzes de vigia e até mesmo a contratação de seguranças profissionais. Desse modo, não pode um condômino, por negligência ou imprudência, expor os demais a risco, devendo sempre manter a vigilância. Sobre esse dever, problema que suscita calorosos debates é aquele atinente às hospedagens e locações por curtíssimo período, como o famoso *Airbnb*, já enfrentado por nós anteriormente.

Outra questão comum é aquela envolvendo condôminos ou possuidores que mantêm em suas unidades produtos inflamáveis ou que causem outros riscos à segurança, assim como aqueles que, na qualidade de colecionadores, mantêm armas de alto calibre em suas residências, expondo todos os demais a um inequívoco risco.

Todas essa medidas estão sujeitas à aplicação de medidas e sanções no ambiente do condomínio, sem prejuízo do uso de ações judiciais que visem inibir e até mesmo obrigar o condômino ou possuidor a cessar sua conduta.

e) dever de não embaraçar o uso das partes comuns

Último dever a ser examinado, e que se impõe ao condômino, está previsto no art. 10, IV, da Lei 4.591/1964, a saber, o de não embaraçar o uso das partes comuns pelos demais condôminos.

Como vimos, no regime do condomínio edilício tem-se um hibridismo entre relações condominiais e de vizinhança. No tocante às partes e coisas comuns há um inequívoco regime condominial, uma copropriedade em que um condômino exercerá na plenitude o seu direito de titular da coisa, mas jamais impedindo que outro condômino também o faça.

Nesse sentido, é regra geral das relações de condomínio, consoante o disposto no art. 1.314 do Código Civil, que cada condômino pode exercer sobre a coisa comum todos os direitos compatíveis com a indivisão. Isso significa que, em que pese o condômino seja titular de fração ideal sobre o bem, a indivisibilidade da coisa confere a cada coproprietário o direito de exercer os poderes inerentes à propriedade sobre toda ela. No entanto, e por estar o bem submetido ao regime condominial, o condômino deverá fazê-lo sem impedir que os demais também o façam, na medida em que todos têm igual direito. Daí se extrai o dever previsto no art. 10, IV, da Lei 4.591/1964.

Esses são os principais deveres dos condôminos previstos no Código Civil e na lei especial. Sem prejuízo, cumpre-nos destacar que os deveres dos condôminos não se esgotam, necessariamente, nas disposições legais. O rol previsto no Código Civil, assim como na Lei 4.591/1964 não é taxativo, mas meramente exemplificativo, de modo que a Convenção do condomínio, assim como o Regulamento ou Regimento interno, desde que regularmente aprovados e em conformidade com a lei, poderão prever outros deveres, o que é muito comum na prática.

2.2 A FUNCIONALIZAÇÃO DO DIREITO DE PROPRIEDADE E DA POSSE NO CONDOMÍNIO EDILÍCIO

O estudo da funcionalização do direito de propriedade e da posse no ambiente condominial tem particular importância em nosso estudo, na medida em que o regime jurídico do condômino antissocial se aplica, por expressa previsão do art. 1.337 do Código Civil, também ao possuidor, de modo que não apenas a função social da propriedade, mas também a da posse, devem ser examinadas, a

2 • OS DIREITOS E DEVERES DOS CONDÔMINOS E POSSUIDORES

fim de demonstrar que a situação jurídica do condômino e do possuidor só será merecedora de tutela e, logo, de proteção, se eles observarem os limites e valores impostos pela ordem constitucional vigente, bem como a promoção destes.

A funcionalização do Direito no Brasil e, consequentemente, do Direito Civil é um fenômeno recente, pois se inicia pós-Constituição de 1988, e se caracteriza pelo deslocamento dos princípios fundamentais do Direito Civil e do Código Civil para a Constituição. Nessa esteira, os institutos do Direito Civil como os contratos, a propriedade, a empresa e a família foram funcionalizados à plena realização da dignidade da pessoa humana, erigida a fundamento do Estado Democrático de Direito pelo, então, novo ordenamento constitucional, o que quer dizer que os referidos institutos exercem uma função, que é a realização dos fins e valores constitucionais fundamentais. Com isso, deslocam-se os centros de interesses, prevalecendo os existenciais em detrimento dos patrimoniais. Como consequência, eleva-se a tutela da pessoa humana, de modo que o fim buscado pelo ordenamento é a realização da justiça, da liberdade e da solidariedade.[30]

Isso significa que os interesses patrimoniais só serão merecedores de tutela se promoverem efetivamente a dignidade da pessoa humana, isto é, os interesses existenciais da pessoa humana, mas não apenas do próprio titular do direito, como também de todos aqueles que se inserem no raio de alcance da sua titularidade e do seu exercício, de modo que a funcionalização possui uma eficácia interna e externa, pois exige o exercício dos direitos em conformidade com os interesses existenciais da própria pessoa titular da situação jurídica, assim como daquelas que estão em seu entorno.

Nesse sentido, o direito de propriedade e a posse, objeto de nosso estudo em particular, devem se prestar a esses fins, particularmente no ambiente do condomínio edilício, em que interesses existenciais de diversas outras pessoas estão umbilicalmente ligados, notadamente o direito à qualidade de vida e do ambiente, "que deve ser reconhecido como aspecto essencial do desenvolvimento da pessoa, sendo direito de cada um agir para a manutenção de um *habitat* que garanta qualidade de vida".[31]

No que toca ao direito de propriedade, que é a nossa primeira preocupação, na medida em que a situação condominial pressupõe, induvidosamente, a propriedade, a sua funcionalização é ampla e pacificamente reconhecida nos tempos atuais, notadamente porque o texto constitucional expressamente consagra a sua função social em seu art. 5º, XXIII, disposição essa já prevista em textos consti-

---

30. Sobre o tema, ver TEPEDINO, Gustavo. O princípio da função social no direito civil contemporâneo. *Revista do Ministério Público do Rio de Janeiro: MPRJ*. n. 54, p. 141-154, out./dez. 2014.

31. GAMA, Guilherme Calmon Nogueira da. *Direitos reais*. São Paulo: Atlas, 2011, p. 51.

tucionais anteriores. A título de exemplo, a Constituição de 1934, embora não empregasse a expressão *função social*, previa, em seu art. 113, que o direito de propriedade não poderia ser exercido contra o interesse social e coletivo. Igualmente a Constituição de 1946 condicionava o exercício do direito de propriedade ao bem-estar social, conforme seu art. 147, sem empregar, contudo, a expressão *função social*. Já a Constituição de 1967 foi a primeira a utilizar, expressamente, o termo *função social*, em seu art. 157, o que foi reproduzido na Carta de 1969, em seu art. 160.[32]

Mas, embora prevista a função social da propriedade em textos constitucionais anteriores, sua concretização se deu apenas com a Constituição Federal de 1988. Isso porque, assim como diversos outros direitos e garantias previstos em Constituições anteriores, inclusive durante o período do regime militar, como a inviolabilidade do direito à vida e à liberdade, e a proibição de privação de direitos individuais por motivos políticos, a função social da propriedade, como não é difícil provar, era uma mera previsão formal, sem qualquer concretude, vigendo uma verdadeira insinceridade constitucional.[33]

Nada obstante, com a Constituição de 1988, inspirada nas Constituições da Europa Ocidental pós-guerra, e o fenômeno da constitucionalização dos institutos jurídicos, a função social da propriedade ganhou novos contornos e concretude, sendo o mais importante norte para o exercício deste direito, que ocupa papel central em um ambiente condominial, estruturado sob aquele hibridismo formado por uma copropriedade e uma comunhão de unidades autônomas.

Sobre a função social da propriedade é preciso destacar, em primeiro lugar, que o seu fim promocional de realização de fins e valores constitucionalmente assegurados, notadamente a dignidade da pessoa humana e o atingimento de uma sociedade mais justa, livre e solidária, não significa que o titular da propriedade deixa de ter o pleno exercício de seu direito. Em verdade, a propriedade continua a ser um direito fundamental, expressamente previsto no art. 5º, XXII, da Constituição Federal, e um dos pilares da sociedade, em que pese não ocupe

---

32. Sobre a evolução histórica da função social da propriedade em nosso ordenamento ver TORRES, Marcos Alcino de Azevedo. *A propriedade e a posse*: um confronto em torno da função social. 2. ed. Rio de Janeiro: Lumen Juris, 2010; assim como o prefácio do Prof. Ricardo Pereira Lira na mesma obra.

33. Luís Roberto Barroso, tratando do fenômeno da insinceridade constitucional, assim se manifestou: "Não é incomum a existência formal e inútil de Constituições que invocam o que não está presente, afirmam o que não é verdade e prometem o que não será cumprido". E prossegue o autor o afirmando que, por essa razão, a Constituição "transforma-se, assim, em um mito, um 'mero instrumento de dominação ideológica', repleta de promessas que não serão cumpridas" (BARROSO, Luís Roberto. *O direito constitucional e a efetividade de suas normas*: limites e possibilidade da Constituição brasileira. 3. ed. Rio de Janeiro: Renovar, 1996, p. 59 e 61-62).

mais o papel central de outrora, como no ordenamento jurídico anterior fundado no patrimonialismo e no individualismo.

A propriedade continua a ser um direito subjetivo individual e de natureza privada, mas que deve ser exercida de forma a impor o menor sacrifício ao maior número de pessoas possível.[34] Isso significa que a funcionalização da propriedade não significa um esvaziamento do direito do titular, que continua preservado, mas apenas a adequação do seu exercício à busca de outros fins além daqueles individuais, como explicita Caio Mário da Silva Pereira:[35]

> a propriedade socializada tem características próprias e inconfundíveis com um regime em que o legislador imprime certas restrições à utilização das coisas em benefício do bem comum, sem, contudo, atingir a essência do direito subjetivo, nem subverter a ordem social e a ordem econômica.

A função social da propriedade, portanto, não tem como objetivo aniquilar os interesses individuais do titular, mas verter esses interesses ao atingimento de finalidades também sociais e coletivas, retirando-se os excessos e os abusos, como bem explicita Luiz Edson Fachin:[36]

> a função social da propriedade corresponde a limitações fixadas no interesse público e tem por finalidade instituir um conceito dinâmico de propriedade em substituição ao conceito estático, representando uma projeção da reação anti-individualista. O fundamento da função social da propriedade é eliminar da propriedade privada o que há de eliminável.

Tem-se, portanto, com a funcionalização do direito de propriedade, uma "complexização" do instituto, na medida em que se passa a ter uma situação jurídica complexa, que não se limita mais à ideia tradicional da relação entre sujeito e objeto, sendo determinado o conteúdo da propriedade também a partir de centros de interesses extraproprietários, isto é, não apenas aqueles do proprietário, de modo que o exercício do domínio não busca atender apenas os interesses do titular do direito, mas igualmente promover situações jurídicas subjetivas existenciais e sociais atingidas pelo direito.[37]

---

34. Cf. GAMA, Guilherme Calmon Nogueira da. *Direitos reais*. São Paulo: Atlas, 2011, p. 228.
35. PEREIRA, Caio Mário da Silva. *Instituições de direito civil*: direitos reais. 18. ed. Rio de Janeiro: Forense, 2004, v. IV, p. 85.
36. FACHIN, Luiz Edson. *A função social e a propriedade contemporânea*: uma perspectiva da usucapião imobiliária rural. Porto Alegre: Fabris, 1988, p. 19-20.
37. TEPEDINO, Gustavo; MONTEIRO FILHO, Carlos Edison do Rêgo; RENTERIA, Pablo. *Fundamentos de direito civil*: direitos reais. Rio de Janeiro: Forense, 2020, v. 5, p. 99-100. No mesmo sentido, Guilherme Calmon Nogueira da Gama (GAMA, Guilherme Calmon Nogueira da. *Direitos reais*. São Paulo: Atlas, 2011, p. 98) e Marcos Alcino de Azevedo Torres (TORRES, Marcos Alcino de Azevedo. *A propriedade e a posse*: um confronto em torno da função social. 2. ed. Rio de Janeiro: Lumen Juris, 2010, p. 241-242).

Vista a função social da propriedade, podemos concluir que na mesma trilha caminha a posse,[38] de relevante importância para o nosso estudo porque, na dicção do art. 1.337 do Código Civil, a antissocialidade no ambiente condominial, que autoriza a aplicação do regime particular previsto no próprio diploma civil, não se limita ao condômino e, logo, ao coproprietário das unidades, mas também alcança o simples possuidor, como é o caso do locatário e do comodatário, por exemplo.

Instituto de natureza dúplice, pois se caracteriza, a um só tempo, como situação fática e jurídica, haja vista manifestar-se como situação fática, pela aparência do domínio, mas ser tutelada como um direito,[39] a posse também deve ser exercida e, logo, tutelada segundo a função social, de modo que, sendo um direito eminentemente patrimonial, deve se voltar à promoção da dignidade da pessoa humana e dos demais interesses e valores existenciais e sociais constitucionalmente assegurados.[40]

A posse, à toda evidência, não se confunde com a propriedade. Em verdade, e historicamente, a noção de posse é anterior à de propriedade, na medida em que cronologicamente a ideia de propriedade se inicia pela posse,[41] o que nos remete à teoria subjetiva de Savigny, segundo a qual a posse é a união entre o *corpus* e o *animus domini*, isto é, é o poder físico que uma pessoa tem sobre uma coisa com a intenção de tê-la para si, possuindo o bem como se fosse seu.[42] Desse modo, a noção histórica de propriedade pressupõe a posse, mormente aquela qualificada, chamada por Savigny de *posse civil*, que leva ao direito de propriedade pela usucapião.[43]

Sem adentrar, contudo, na discussão acerca da natureza jurídica da posse, que é, sem sombra de dúvidas, uma das questões mais tormentosas da dogmática jurídica, a referida noção acabou por ser superada em diversos ordenamentos jurídicos, inclusive o brasileiro, dissociando-se a posse da propriedade. Um dos grandes críticos à teoria subjetiva de Savigny foi Ihering, que sustentou ser possível existir posse sem o *corpus*, assim como sem o *animus*, legitimando, desse modo, e exemplificativamente, a posse do locatário e do comodatário que, embora não

---

38. Como destaca, peremptoriamente, Guilherme Calmon Nogueira da Gama, "tal como ocorre em relação à propriedade, a posse não pode ser dissociada da noção de função social" (GAMA, Guilherme Calmon Nogueira da. *Direitos reais*. São Paulo: Atlas, 2011, p. 97).

39. TEPEDINO, Gustavo; MONTEIRO FILHO, Carlos Edison do Rêgo; RENTERIA, Pablo. *Fundamentos de direito civil*: direitos reais. Rio de Janeiro: Forense, 2020, v. 5, p. 19.

40. TEPEDINO, Gustavo; MONTEIRO FILHO, Carlos Edison do Rêgo; RENTERIA, Pablo. *Fundamentos de direito civil*: direitos reais. Rio de Janeiro: Forense, 2020, v. 5, p. 19.

41. GAMA, Guilherme Calmon Nogueira da. *Direitos reais*. São Paulo: Atlas, 2011, p. 98.

42. Cf. MELO, Marco Aurélio Bezerra de. *Direito civil*: coisas. 3. ed. Rio de Janeiro: Forense, 2019, p. 19.

43. Cf. MELO, Marco Aurélio Bezerra de. *Direito civil*: coisas. 3. ed. Rio de Janeiro: Forense, 2019, p. 20.

2 • OS DIREITOS E DEVERES DOS CONDÔMINOS E POSSUIDORES   57

tenham a intenção de serem donos da coisa, exercem inequivocamente a posse sobre ela.[44]

Então, e de modo objetivo, o comportamento da pessoa em relação à coisa, semelhantemente ao do proprietário, isto é, exercendo sobre ela poderes ostensivos a fim de conservá-la e defendê-la, independentemente de sua intenção de ser dono, já caracteriza a posse,[45] como um verdadeiro poder de fato sobre a coisa. É a posse, portanto, um direito autônomo em relação à propriedade.

Nada obstante, o exercício desse direito não é absoluto, só sendo legítimo e, logo, merecedor de tutela se atender aos fins e valores constitucionais, donde se extrai a função social da posse, que não se confunde com a função social da propriedade. Guilherme Calmon Nogueira da Gama nos apresenta de modo claro e objetivo a diferença:[46]

> No âmbito da propriedade, a função social atua no sentido de instituir um conceito dinâmico de propriedade em substituição ao conceito estático anterior que era uma projeção do individualismo exacerbado. Luiz Edson Fachin registra que o fundamento da função social da propriedade é 'eliminar da propriedade privada o que há de eliminável', ao passo que o fundamento da função social da posse revela o imprescindível, 'uma expressão natural da necessidade'. Desse modo, a posse deve ser encarada de modo distinto da propriedade, eis que não se reduz a mero efeito ou encarnação da riqueza, tampouco a manifestação de poder; na realidade, a posse é uma concessão à necessidade. Na propriedade imóvel urbana e rural, não há mais a faculdade de não usar a coisa em razão do princípio da função social; é exatamente através do uso da coisa que o proprietário cumpre sua função social.

Nessa esteira, a função social da posse se revela no exercício desse poder sobre a coisa como uma atividade humana social e economicamente relevante. Enquanto na função social da propriedade o efetivo exercício das faculdades inerentes à propriedade é condição *sine qua non* para a sua verificação, na posse o exercício dessas faculdades, notadamente o uso, não é suficiente para a realização da sua função social, na medida em que a exteriorização daquelas faculdades apenas tem como propósito caracterizar a própria posse. Como consequência, a função social da posse é um *plus* em relação à função social da propriedade, na medida em que é o uso da coisa com uma destinação social e econômica relevante, como a moradia e o exercício de uma atividade econômica.

Não basta, para a função social da posse, meros atos que visem exteriorizar para terceiros que a posse está sendo exercida, ou o emprego de mecanismos para a defesa da posse. É preciso que se tenha o exercício efetivo dos poderes inerentes

---

44. Cf. MELO, Marco Aurélio Bezerra de. *Direito civil*: coisas. 3. ed. Rio de Janeiro: Forense, 2019, p. 20-21.
45. PEREIRA, Caio Mário da Silva. *Instituições de direito civil*: direitos reais. 18. ed. Rio de Janeiro: Forense, 2004, v. IV, p. 17.
46. GAMA, Guilherme Calmon Nogueira da. *Direitos reais*. São Paulo: Atlas, 2011, p. 99.

ao possuidor com uma destinação social e econômica. A função social da posse é, e mais uma vez nos socorrendo das lições de Guilherme Calmon Nogueira da Gama, "estabelecida pela necessidade social, pela necessidade da terra para o trabalho, para a moradia, ou seja, para atendimento às necessidades básicas que pressupõem a dignidade da pessoa humana".[47]

De tudo isso é possível perceber que a função social da propriedade e da posse têm particular relevância nas situações condominiais edilícias, e em especial no nosso estudo voltado ao regime jurídico do condômino antissocial.

Primeiro, em relação à propriedade, e como bem destaca Caio Mário da Silva Pereira, a sua utilização deve ser *"civiliter*, uma vez que o uso se subordina às normas de boa vizinhança (v. n. 320, *infra*) e é incompatível com o 'abuso do direito de propriedade'",[48] o qual examinaremos no tópico seguinte.

Isso significa que é dever que se impõe ao condômino não apenas respeitar os limites do seu direito de propriedade, mas igualmente exercê-lo com o fim de promover os interesses existenciais e patrimoniais dos demais condôminos, pois a funcionalização da propriedade impõe que o seu titular não apenas busque os seus interesses, mas também a realização dos interesses dos demais, para que estes possam exercer seus direitos com toda a plenitude, pois apenas assim se promoverá a dignidade da pessoa humana, sua e de seus vizinhos.

Já em relação à posse, é preciso desde logo destacar que no ambiente do condomínio edilício, o simples possuidor, seja o locatário, o comodatário, o promitente-comprador e, atualmente, os hóspedes nos modernos contratos de ocupação temporária do imóvel, como, por exemplo, o *Airbnb*, também deve exercer o seu direito visando alcançar os fins econômico-sociais da ordem constitucional vigente, sem prejuízo de dever também observar, à toda evidência, os limites impostos aos condôminos e possuidores pela legislação, pelas Convenções de condomínio e pelos Regimentos ou Regulamentos Internos.

Com efeito, deverá o possuidor, mesmo que não tenha a propriedade, exercer a posse da unidade condominial com o atendimento do seu interesse existencial, como a moradia, ou patrimonial, como no exercício de uma atividade econômica, bem como de todos aqueles que estão em seu entorno, viabilizando o pleno exercício do direito dos demais condôminos e ocupantes das unidades autônomas. As funções sociais e econômicas e os fins e valores constitucionalmente assegurados são o Norte para o exercício dos direitos dos coproprietários e dos possuidores das unidades.

---

47. GAMA, Guilherme Calmon Nogueira da. *Direitos reais*. São Paulo: Atlas, 2011, p. 101.
48. PEREIRA, Caio Mário da Silva. *Instituições de direito civil*: direitos reais. 18. ed. Rio de Janeiro: Forense, 2004, v. IV, p. 93.

2 • OS DIREITOS E DEVERES DOS CONDÔMINOS E POSSUIDORES

Disso se depreende que tanto o condômino, titular da unidade autônoma e coproprietário das partes comuns, quanto o possuidor, devem exercer os direitos inerentes à sua situação jurídica com o objetivo de realizar os fins constitucionais da propriedade condominial e da posse, sob pena de não atendimento da função social e, por conseguinte, sujeitando-se à reprovação do juízo (ou controle) de merecimento de tutela, sem prejuízo da caracterização do abuso do direito, como veremos no tópico a seguir.

Sobre essa questão em particular, é preciso destacar que o juízo de merecimento de tutela é essencial na busca da efetividade dos valores e princípios norteadores da nossa ordem jurídica constitucional.[49] Isso porque, para alcançar essa plena efetividade não basta que o titular de uma situação jurídica pratique um ato em conformidade com a lei, sendo lícito. É preciso mais. Para que um ordenamento fundado em princípios e valores existenciais, como a dignidade da pessoa humana, emita um juízo positivo acerca de um ato, este também deve ser merecedor de tutela, como observa Pietro Perlingieri:

> Considerando que os valores constitucionais impõem plena atuação (cfr. *Retro*, cap. 2, § 9), compreende-se totalmente a necessidade, aqui manifestada, de não limitar a valoração do ato ao mero juízo de licitude e de requerer também um juízo de valor: não basta, portanto, em negativo, a não invasão de um limite de tutela, mas é necessário, em positivo, que o fato possa ser representado como realização prática da ordem jurídica de valores, como coerente desenvolvimento de premissas sistemáticas colocadas no Texto Constitucional. O juízo de valor do ato deve ser expresso à luz dos princípios fundamentais do ordenamento e dos valores que o caracterizam. Por conseguinte, não todo ato lícito é merecedor de tutela. A simples licitude exime, de regra, somente da responsabilidade.[50]

Disso se infere a relevância do cumprimento da função promocional do Direito a que alude Bobbio, em contraposição à função meramente protetora contra os atos ilícitos que se dá normalmente mediante a previsão de normas de repressão, proibição ou desencorajamento de condutas. A função protetiva-repressiva tem como propósito reprimir e impedir comportamentos socialmente não desejáveis; em contrapartida, a função promocional visa estimular ações socialmente desejáveis, com o fim de realizá-las.[51]

Nesse sentido, e já buscando concluir o presente tópico, ao condômino e ao possuidor de uma unidade autônoma não basta apenas se abster de condutas

---

49. SOUZA, Eduardo Nunes de. Abuso do direito: novas perspectivas entre a licitude e o merecimento de tutela. *Revista Trimestral de Direito Civil – RTDC*. v. 50, p. 82-83, abr./jun. 2012.
50. PERLINGIERI, Pietro. *Perfis do direito civil*. 3. ed. Trad. Maria Cristina de Cicco. Rio de Janeiro: Renovar, 2007, p. 92-93.
51. BOBBIO, Norberto. A função promocional do direito. *Da estrutura à função*: novos estudos de teoria do direito. Barueri: Manole, 2007, p. 15.

violadoras dos direitos dos demais. Compete a eles dar às suas unidades destinação tal que promova a saúde, o sossego e a segurança dos demais, em plena realização da dignidade da pessoa humana, sob pena de não ser o seu direito merecedor de tutela.

2.3 O ABUSO DO DIREITO DO CONDÔMINO E DO POSSUIDOR

No tópico anterior tratamos da função social da propriedade e da posse condominial, cuja observância é essencial para que sejam os direitos do proprietário e do possuidor merecedores de tutela. Como vimos, o juízo de merecimento de tutela propõe um controle positivo ou ativo, no sentido de promoção dos valores e princípios orientadores de nosso ordenamento jurídico, de modo que determinada conduta somente será merecedora de tutela se, para além da sua licitude, também realizar a função promocional do direito.

Sem prejuízo do controle de merecimento de tutela, de caráter positivo, em outra medida temos o controle dito negativo, por meio da análise da ilicitude e da abusividade do ato. À toda evidência, e em sentido amplo, um ato ilícito ou abusivo não será merecedor de tutela jurídica, isto é, não será merecedor de proteção ou amparo pelo ordenamento. Mas esse merecimento de tutela não se relaciona, dogmaticamente, com o juízo de merecimento de tutela visto anteriormente.

Desde logo é preciso destacar que o objetivo deste livro não é fazer um estudo dogmático aprofundado acerca da teoria do abuso do direito, o que por si só levaria à elaboração de um tratado. Nada obstante, é preciso tecer alguns comentários sobre a teoria do abuso do direito, a fim de melhor compreender sua aplicação às situações condominiais edilícias.

A noção de abuso do direito não é recente. Já na Roma Antiga, embora não fosse reconhecido o instituto autonomamente, se admitia, além da possibilidade de se impedir a prática de atos à margem do Direito, também a possibilidade de se estabelecer limites ao exercício de direitos praticados abusivamente, tendo em vista que o exercício de direitos não poderia acarretar danos a terceiros, proibição que encontrava amparo na máxima *neminem laedere* do direito romano.[52] A ideia era de coibir o exercício de direitos subjetivos que, embora

---

52. Nessa esteira, esclarece Serpa Lopes que, em que pese, na Roma Antiga, não existisse um instituto do abuso do direito como se conhece modernamente, não se pode afirmar que se "tratasse de uma concepção por completo desconhecida", uma vez que "a própria noção de direito preponderante em Roma não podia permitir fazer-se dele um uso deslimitado, sob qualquer dos seus aspectos" (LOPES, Miguel Maria de Serpa. *Curso de direito civil*. 6. ed. Rio de Janeiro: Freitas Bastos, 1988, v. I, p. 474). No mesmo sentido, PINTO, André Ricardo Blanco Ferreira. Abuso de direito: autonomia dogmática. *Revista síntese direito civil e processual civil*. v. 12, n. 87, p. 98, jan./fev. 2014.

2 • OS DIREITOS E DEVERES DOS CONDÔMINOS E POSSUIDORES

previstos no ordenamento jurídico, contrariavam a sua própria finalidade, violando o espírito da lei.[53]

Sem prejuízo desse retorno ao passado remoto, historicamente a noção de abuso do direito, como hoje se conhece, esteve inicialmente associada à figura da *aemulatio*. O exercício abusivo dos direitos deveria merecer reprimenda nos casos de prática de atos emulativos, em que o seu titular agisse visando prejudicar terceiro, sem que houvesse utilidade para si.[54]

Foi, contudo, em França, a partir do século XIX, e com o início de vigência do Código de Napoleão, que a concepção atual de abuso do direito começou a se sedimentar, tendo como um de seus marcos o julgamento do conhecido caso Clément-Bayard, já no início do século XX, em que um indivíduo formulou judicialmente um pedido em face de seu vizinho, para demolição de uma falsa chaminé, que consistia em uma alta torre de madeira, com vários ferros na ponta, e que tinha como único propósito criar dificuldades para que ele, construtor de dirigíveis, exercesse sua atividade no hangar construído em sua propriedade rural. O vizinho que construiu as torres alegava que, na qualidade de proprietário, poderia fazer o que quisesse em sua propriedade, invocando o caráter absoluto de seu direito. Em contrapartida, o fabricante de dirigíveis alegava que o propósito da construção da torre era pura e simplesmente prejudicá-lo, o que seria um exercício abusivo e disfuncional do direito de propriedade. A Corte de Cassação francesa, julgando o caso em última instância, condenou o proprietário da construção por abuso do direito.[55]

A noção, então, de abuso do direito, cujo *nomen juris* é atribuído ao belga Laurent,[56] passou a ser construída a partir da reunião de diversos precedentes

---

53. TEPEDINO, Gustavo; BARBOZA, Heloisa Helena; MORAES, Maria Celina Bodin de. (Org.) *Código civil interpretado conforme a constituição*: parte geral e obrigações (arts. 1º ao 420). 2. ed. rev. e atual. Rio de Janeiro: Renovar, 2011, v. I, p. 345.

54. Como explicita Heloísa Carpena, "O instituto do abuso de direito é construção doutrinária e jurisprudencial do século XX, embora sua origem seja comumente identificada nos atos emulativos do direito medieval, sendo também encontrado vestígios no direito romano" (CARPENA, Heloísa. O abuso de direito no Código Civil de 2002: relativização de direitos na ótica civil-constitucional. In: TEPEDINO, Gustavo. (Coord.). *O Código Civil na perspectiva civil-constitucional*. Parte geral. Rio de Janeiro: Renovar, 2013, p. 423). No mesmo sentido, LOTUFO, Renan. *Código civil comentado*: parte geral (arts. 1º a 232). 3. ed. São Paulo: Saraiva, 2016, v. I, p. 576.

55. CORDEIRO, António Menezes. *Da boa-fé no direito civil*. Coimbra: Almedina, 2013, p. 670-671. O caso Clement Bayard é citado pela doutrina como grande referência na definição do abuso de direito. Nesse sentido, ver, além de Menezes Cordeiro, Vladimir Cardoso (CARDOSO, Vladimir Mucury. O abuso de direito na perspectiva civil-constitucional. In: MORAES, Maria Celina Bodin de (Coord.). *Princípios do direito civil contemporâneo*. Rio de Janeiro: Renovar, 2006, p. 65).

56. CARDOSO, Vladimir Mucury. O abuso de direito na perspectiva civil-constitucional. In: MORAES, Maria Celina Bodin de (Coord.). *Princípios do direito civil contemporâneo*. Rio de Janeiro: Renovar, 2006, p. 65.

jurisprudenciais, particularmente no país francês, em que se condenavam o exercício irregular de um direito subjetivo, que muitos acreditavam ser absolutos, como a propriedade, por exemplo.

No entanto, a ausência de uma definição legal e a necessidade de desenvolvimento do instituto pela doutrina e pela jurisprudência traziam inúmeras incertezas quanto à sua caracterização.[57] Por essa razão, diversas teorias surgiram procurando negá-lo, como as negativistas, que negavam a existência do abuso do direito, na medida em que, se há abuso, não há que se falar sequer na existência do direito, uma vez que se configuraria como uma *contradictio in terminis* a existência de um direito abusivo; e aquelas que o afirmavam, como as afirmativas, que reconheciam a existência do abuso do direito, e que se dividem em subjetiva e objetiva. As teorias subjetivistas defendiam a existência do abuso do direito a partir da intenção do sujeito, de modo que quando o titular de um direito, embora agindo de modo normal e habitual, intentasse causar prejuízo a outrem, ter-se-ia o abuso. Já para as teorias objetivistas, a análise acerca da abusividade é feita a partir da conduta, em si, do sujeito, sendo irrelevante a sua intenção. Assim, configura-se o abuso do direito, de um modo geral, quando o ato contraria a sua finalidade econômico- social, ou quando exercido o direito de modo anormal, submetendo a situação de terceiros a riscos ou a prejuízos.[58]

No Brasil, em que pese a ausência de previsão no Código Civil de 1916, reconhecia-se a ocorrência do abuso do direito nos casos em que o seu exercício contrariava a sua própria finalidade. Deste modo, sempre que um direito fosse exercido com abuso manifesto, reconhecia-se nesse exercício uma injúria e um dever de reparar.[59] Daí porque, ainda que não positivado, reconhecia-se o abuso

---

57. Como observa Anderson Schreiber, ainda hoje essa crise de aplicabilidade do instituto do abuso do direito persiste, influenciando na jurisprudência dos Tribunais, de modo que "as cortes pátrias têm deixado de recorrer ao abuso do direito, preferindo substitutivos menos contaminados pelo percurso histórico do ato abusivo, cujos capítulos subjetivistas, ligados ora à intenção lesiva, ora à imoralidade, ainda calam fundo na memória dos manuais, influenciado as correntes majoritárias do civilismo brasileiro. Em particular, a decadência do abuso do direito corresponde, entre nós, à ascensão do instituto semelhante, construído para idêntico propósito, mas fundado em base mais objetiva, como se apressa em esclarecer a sua própria denominação". SCHREIBER, Anderson. Abuso do direito e boa-fé objetiva. In: SCHREIBER, Anderson. *Direito civil e constituição*. São Paulo: Atlas, 2013, p. 52-53.

58. Para um estudo mais aprofundado das aludidas teorias, ver, exemplificativamente, SOUZA, Eduardo Nunes de. Abuso do direito: novas perspectivas entre a licitude e o merecimento de tutela. *Revista trimestral de direito civil.* a. 13, v. 50, p. 45-49, abr./jun., 2012; CALCINI, Fábio Pallaretti. Abuso de direito e o novo Código Civil. *Revista dos tribunais.* a. 93, v. 830, p. 34-37, dez., 2004; AZI, Camila Lemos. A lesão como forma de abuso de direito. *Revista dos Tribunais.* a. 93, v. 826, p. 41-43, ago., 2004; LAUTENSCHLÄGER, Milton Flávio de Almeida Camargo. *Abuso do direito.* São Paulo: Atlas, 2007, p. 37-51; CARVALHO NETO, Inacio de. *Abuso de direito.* Biblioteca de estudos em homenagem ao Professor Arruda Alvim. 5. ed. Curitiba: Juruá, 2009, p. 69-86.

59. Nesse sentido, VALLADÃO, Alfredo. O abuso de direito. *Revista dos tribunais.* v. 52, n. 334. p. 21, ago. 1963.

2 • OS DIREITOS E DEVERES DOS CONDÔMINOS E POSSUIDORES   63

do direito como um ato ilícito, na medida em que havia um desvio de conduta do sujeito, um verdadeiro mau uso de um direito que impunha o dever de indenizar,[60] pensamento esse que acabou por influenciar o legislador do Código Civil de 2002 que, em seu art. 187, tratou o abuso do direito como espécie de ato ilícito, solução essa que levou a severas controvérsias.[61]

Vê-se, pois, que a concepção do que é o abuso do direito ainda é controvertida, variando-se o entendimento entre a sua caracterização como uma inobservância da função do instituto jurídico, ou como uma violação à função socioeconômica do direito, da boa-fé objetiva ou de um dever moral inerente ao direito.[62]

Nada obstante, e sem prejuízo da necessidade de aprofundamento da discussão em sede própria, inclusive a partir de estudos de direito comparado, fato é que a ideia de exercício ilimitado de direitos contraria os ditames da ordem constitucional inaugurada pela Constituição de 1988, bem como da ordem civil filtrada pela Lei Fundamental.

Inadmissível é, falar-se hoje, na existência de direitos absolutos, como já se admitiu outrora. A constitucionalização do direito e a absorção dos valores consagrados pela Constituição Federal, em especial a dignidade da pessoa humana, impõem a observância de limites a todos os direitos, em respeito ao indivíduo, mediante a aplicação direta das normas constitucionais sobre as relações jurídicas, tanto públicas, quanto privadas.[63]

Impõe-se, inexoravelmente, e sem prejuízo da análise da funcionalização dos institutos, na medida em que o exame e a interpretação destes envolve necessariamente uma interpretação valorativa, também fazer uma análise do perfil funcional, tendo como alvo seus efeitos e repercussões, a fim de examinar a função e a finalidade para as quais os institutos subsistem. Dito em outras palavras,

---

60. Na lição de Vicente Ráo, o abuso do direito só poderia ser compreendido na legislação civil como um ato ilícito, uma vez que ele se qualifica como um mau uso do direito, um exercício irregular deste que gera a responsabilização do sujeito pelos prejuízos que causar (RÁO, Vicente. Abuso de direito: seu conceito na legislação civil brasileira. *Revista dos Tribunais*. v. 19, n. 74. maio, 1930).

61. Sobre o tema, ver FACHIN, Luiz Edson. Uns nos outros: ato ilícito e abuso de direito. In: NEVES, Thiago Ferreira Cardoso (Coord.). *Direito & justiça social*: por uma sociedade mais justa, livre e solidária. Estudos em homenagem ao professor Sylvio Capanema de Souza. São Paulo: Atlas, 2013.

62. TEPEDINO, Gustavo; BARBOZA, Heloisa Helena; MORAES, Maria Celina Bodin de. (Org.) *Código civil interpretado conforme a constituição*: parte geral e obrigações (arts. 1° ao 420). 2. ed. rev. e atual. Rio de Janeiro: Renovar, 2011, v. I, p. 345.

63. Neste sentido, MORAES, Maria Celina Bodin. A caminho de um direito civil-constitucional. *Na medida da pessoa humana*: estudos de direito civil-constitucional. Rio de Janeiro: Renovar, 2010. p. 15. Ainda sobre a constitucionalização do direito civil, ver TEPEDINO, Gustavo. Premissas metodológicas para a constitucionalização do direito civil. In: TEPEDINO, Gustavo. *Temas de direito civil*. 4. ed. rev. e atual. Rio de Janeiro: Renovar, 2008; e SCHREIBER, Anderson. Abuso do direito e boa-fé objetiva. In: SCHREIBER, Anderson. *Direito civil e constituição*. São Paulo: Atlas, 2013.

impõe-se analisar o "para que serve" o instituto jurídico, em contraposição ao "o que ele é", que diz respeito à sua estrutura.[64]

A análise da função ou do perfil funcional não se confunde propriamente com o fenômeno por nós já examinado da funcionalização dos institutos jurídicos, embora sejam ideias próximas,[65] o que levou, inclusive, o legislador pátrio, ao definir o instituto do abuso do direito no art. 187 do Código Civil, a confundi--las, na medida em que previu como abuso do direito o exercício do direito em desconformidade com os limites impostos pelos fins econômicos e sociais, isto é, como uma violação à função socioeconômica do direito.

Em verdade, o termo *função*, juridicamente empregado, revela-se polissêmico, razão pela qual parcela da doutrina acaba o utilizando, quando da identificação do abuso do direito, com o sentido de inobservância da função socioeconômica do direito, e não em oposição à ideia de estrutura do instituto jurídico. Nada obstante, tal interpretação não parece a mais adequada, uma vez que esvaziaria a importância do próprio instituto do abuso do direito, como observa Eduardo Nunes de Souza:[66]

> Não se trata de duas correntes distintas; em verdade, o termo "função" costuma ser empregado de forma particularmente fluída, mesmo pela mais respeitável doutrina. Parece, porém, assistir razão à segunda concepção apresentada, quando se cogita do exercício disfuncional. Realmente, a função aqui investigada há de ser aquele regulamento de interesses tendente à produção de efeitos de cada situação jurídica subjetiva, o "para quê" a justificar a individualização e a proteção da posição jurídica pelo ordenamento.

> Equiparar abuso, *tout court*, ao descumprimento da função social revelar-se-ia, ao fim e ao cabo, um esforço em vão: bastaria aplicar, nesse caso, diretamente o princípio da função social ao caso concreto, revelando-se inócuo o recurso a instituto intermediário de direito civil. Negar-se-ia autonomia científica ao ato abusivo, e reduzir-se-ia a letra morta instrumento de grande valia para o controle do exercício das situações jurídicas.

---

64. Como observa Carlos Nelson Konder, superada a análise estrutural dos institutos jurídicos "através da consciência de que a atividade interpretativa necessariamente envolve valores – e, portanto, é necessário revelá-los – defendeu-se a importância de priorizar, na análise de um instituto, seu perfil funcional, seus efeitos, passando de 'como ele é' para o 'para que ele serve'. Esta premissa foi expressamente assumida pelo marco teórico chamado direito civil-constitucional, o qual destaca que, não apenas deve-se priorizar a análise da função do instituto, mas também verificar sua compatibilidade com os valores que justificam a tutela jurídica do instituto por parte do ordenamento, positivados, sob a forma de preceitos constitucionais. A supremacia do texto constitucional impõe que todas as normas inferiores lhe devam obediência, não apenas em termos formais, mas também no conteúdo que enunciam, de forma que todo instituto de direito civil somente se justifica instrumento para a realização das normas constitucionais. A isto normalmente se refere como 'funcionalização' dos institutos de direito civil" (KONDER, Carlos Nelson. *Causa e tipo*: a qualificação dos contratos sob a perspectiva civil-constitucional. Rio de Janeiro, 2014, p. 21-22).
65. SOUZA, Eduardo Nunes de. Abuso do direito: novas perspectivas entre a licitude e o merecimento de tutela. *Revista Trimestral de Direito Civil – RTDC*. v. 50, p. 52, abr./jun. 2012.
66. SOUZA, Eduardo Nunes de. Abuso do direito: novas perspectivas entre a licitude e o merecimento de tutela. *Revista Trimestral de Direito Civil – RTDC*. v. 50, p. 71, abr./jun. 2012.

2 • OS DIREITOS E DEVERES DOS CONDÔMINOS E POSSUIDORES

Desse modo, no abuso do direito há um exercício do direito em desconformidade com a finalidade que o ordenamento pretende, naquela circunstância, alcançar e promover.[67] Dito em outros termos, o abuso do direito corresponde àquela conduta que não está em consonância com os fins propostos pelo Direito para aquele instituto jurídico, de modo que ele não cumpre a sua função,[68] isto é, é um exercício disfuncional do direito.

Sem prejuízo da diferenciação exposta, é preciso destacar que embora sejam conceitos distintos (função e função social), o desvio da função e, consequentemente, o ato abusivo poderá inexoravelmente levar à violação da função social, o que não afastaria a caracterização do abuso.[69] Não há, portanto, entre os institutos uma separação e uma divisão estanques e insuperáveis. Ainda assim, e como vimos, a ideia de abuso do direito está mais perfeitamente identificada com a ideia de função como contraposição à estrutura do instituto jurídico, de modo que o abuso do direito se caracteriza pelo exercício disfuncional do direito.

Transportando essas noções para o nosso estudo, impõe-nos observar que a propriedade e a posse condominial têm, inequivocamente, uma função que, uma vez desviada, levará à caracterização do abuso do direito. A finalidade da propriedade e da posse no ambiente do condomínio edilício é a ocupação da unidade imobiliária para fins residenciais ou comerciais, o que dependerá da destinação da edificação, em conformidade com a situação condominial e as relações de vizinhança, consequentemente observando os direitos e deveres previstos na lei e nos contratos-tipos ou normativos, como a Convenção e o Regulamento ou Regimento Interno, que visam, ao fim e ao cabo, harmonizar os diversos interesses que permeiam a complexa situação jurídica condominial edilícia.

Desse modo, e exemplificativamente, a violação dos deveres de preservação do sossego, da saúde e da segurança no ambiente condominial revela um exercício disfuncional tanto do direito de propriedade, quanto da posse, na medida em que a plenitude do exercício do direito de moradia, assim como do livre exercício das atividades econômicas (como nos condomínios comerciais), depende da preservação da segurança, da saúde e do sossego, como

---

67. TEPEDINO, Gustavo; BARBOZA, Heloisa Helena; MORAES, Maria Celina Bodin de. (Org.) *Código civil interpretado conforme a constituição*: parte geral e obrigações (arts. 1º ao 420). v. I. 2. ed. rev. e atual. Rio de Janeiro: Renovar, 2011, p. 345.

68. Na expressão de Pietro Perlingieri, "O abuso é o exercício contrário ou de qualquer modo estranho à função da situação subjetiva. Se o comportamento concreto não for justificado pelo interesse que impregna a função da relação jurídica da qual faz parte a situação, configura-se o abuso" (PERLINGIERI, Pietro. *O direito civil na legalidade constitucional*. Edição brasileira organizada por Maria Cristina De Cicco. Rio de Janeiro: Renovar, 2008, p. 683.

69. SOUZA, Eduardo Nunes de. Abuso do direito: novas perspectivas entre a licitude e o merecimento de tutela. *Revista Trimestral de Direito Civil – RTDC.* v. 50, p. 72-73, abr./jun. 2012.

observa Teresa Ancona Lopez, ao tratar especificamente do abuso do direito de propriedade, ao afirmar que "o abuso do direito de propriedade pode ser claramente constatado no mau uso da propriedade que põe em perigo a saúde e segurança da propriedade".[70]

A ordem jurídica civil, notadamente o Código Civil e a Lei 4.591/1964, estabelece os limites para o exercício dos direitos dos condôminos e possuidores das unidades autônomas, tudo com o propósito de preservar o ambiente condominial, em que diversos interesses individuais se contrapõem, na medida em que há uma multiplicidade de pessoas, cada qual com suas características, desejos e propósitos. Esse microcosmo de múltiplos interesses em que se constitui o condomínio edilício exige que os seus integrantes observem os limites impostos pelo ordenamento jurídico, sob pena de inviabilizar o funcionamento e a subsistência desse ambiente coletivo, dado evidente abuso do direito.

Há casos em que é tão grave e severa a inobservância dos limites impostos pelo Direito, que causam uma verdadeira ruptura no condomínio, pois tornam insustentável e insuportável a vida em comum, como é caso limítrofe dos comportamentos antissociais contumazes, que levam ao extremo de se pretender, como veremos mais a frente, a exclusão do condômino ou possuidor.

Antes de concluirmos o presente tópico, cumpre-nos destacar que, para além do desvio da função que caracteriza, em sua essência, o abuso do direito, o Código Civil, em seu art. 187, ainda trouxe outros balizadores para o exercício regular de um direito, que é a observância da boa-fé e dos bons costumes, o que também pode ser aplicado como limite ao exercício do direito de propriedade e da posse nas situações condominiais edilícias.

A definição e a aplicação da boa-fé objetiva já se encontram sedimentados entre os operadores do Direito pátrio. O princípio da boa-fé objetiva impõe a todas as pessoas na vida de relação um dever de comportamento, um *standard* de conduta pautada na ética, na probidade e na honestidade, além da observância de diversos deveres anexos ou laterais como a transparência, a informação e a confiança.

No ambiente condominial não pode ser diferente. As relações condominiais devem ser pautadas na boa-fé e, consequentemente, na observância e no cumprimento de todos os deveres a ela inerentes, sob pena de, por expressa previsão do art. 187 do Código Civil, ter-se a caracterização do abuso do direito.

---

70. LOPEZ, Teresa Ancona. Exercício do direito e suas limitações: abuso do direito. In: MENDES, Gilmar Ferreira; STOCO, Rui (Coord.). *Doutrinas essenciais*: direito civil, parte geral. São Paulo: Ed. RT, 2011, v. IV, p. 997-1.017.

2 • OS DIREITOS E DEVERES DOS CONDÔMINOS E POSSUIDORES   67

De igual modo, o legislador previu como balizadores e, portanto, limitadores do exercício dos direitos, os bons costumes. De conceito mais fluído, e muitas vezes até questionado, na medida em que a ideia de bons costumes varia no tempo e no lugar, a sua inobservância levará à caracterização do abuso do direito. Isso dependerá, contudo, de uma análise casuística, da conformação da conduta da pessoa com os costumes da época e da sociedade em que ela estiver inserida.

Nesse sentido, e exemplificativamente, é possível que uma determinada conduta praticada em um condomínio no interior dos rincões do Brasil (e.g. andar com roupas de banho nos corredores do prédio) venha a escandalizar e a causar incômodo entre os vizinhos, mas no litoral de um grande centro urbano não tenha o mesmo impacto. Por isso, trata-se de circunstância que deve ser vista com cautela, que não pode e não deve ser aplicada indistintamente para todas as situações que se apresentem.

Por fim, no tocante à verificação e à caracterização da conduta abusiva, estas se darão objetivamente, dispensando-se, portanto, uma análise subjetiva. Com isso se quer dizer que o abuso do direito se caracteriza objetivamente pelo simples desvio dos padrões impostos pela ordem jurídica, a revelar a ideia de culpa normativa.[71] O desvio praticado pelo indivíduo revela, por si só, o agir culposo, dispensando-se, portanto, a prova da culpa.

Nessa esteira, e exemplificativamente nas situações subjetivas condominiais, o não cumprimento dos deveres impostos aos condôminos pela ordem jurídica comprovam, objetivamente, o agir culposo. Assim, quando um condômino ou possuidor, após as 22 horas, liga ou mantém ligado seu aparelho de som em altíssimo volume, tem-se caracterizado o abuso do direito, na medida em que revela uma inobservância do dever de cuidado que se espera de um homem normal, diligente e cuidadoso, pouco importando, então, se ele teve a intenção, ou não, de perturbar o sossego dos demais.[72]

---

71. SOUZA, Eduardo Nunes de. Abuso do direito: novas perspectivas entre a licitude e o merecimento de tutela. *Revista Trimestral de Direito Civil – RTDC*. v. 50, p. 77, abr./jun. 2012.

72. Nesse sentido, e explicitando a noção de culpa normativa, afirma Paula Greco Bandeira que "De acordo com esta concepção, a culpa consiste em erro de conduta que não seria cometido por uma pessoa avisada, colocada nas mesmas circunstâncias externas do autor do dano. Dito por outras palavras, para se verificar se o agente incorreu em culpa, deve-se analisar não o seu lado psicológico, aí incluídas as suas particularidades psíquicas ou morais (culpa *in concreto*), porque tais circunstâncias lhe são internas, mas, antes, impõe-se a comparação objetiva entre a sua conduta e a de um tipo abstrato – o *bonus pater familias* –, tomado como modelo geral de comportamento, que deve ser colocado nas mesmas circunstâncias externas do autor do dano (culpa *in abstracto*). Assim, caso o tipo abstrato, hipoteticamente considerado nas mesmas circunstâncias externas do agente, não violasse a regra de conduta, o agente terá agido com culpa" (BANDEIRA, Paula Greco. A evolução do conceito de culpa e o artigo 944 do Código Civil. *Revista da EMERJ*, v. 11, n. 42, Rio de Janeiro, p. 227-249, 2008).

3
O REGIME JURÍDICO DO CONDÔMINO E DO POSSUIDOR ANTISSOCIAL

3.1 A QUALIFICAÇÃO JURÍDICA DO CONDÔMINO E DO POSSUIDOR ANTISSOCIAL

Ponto central de nosso estudo é a figura do condômino antissocial. Sobre ele paira as intensas discussões acerca do regime previsto no Código Civil, notadamente as sanções aplicáveis, e em particular aquela de exclusão do coproprietário. Nada obstante, e em que pese a maior preocupação seja em relação ao condômino, especialmente porque ele é o titular da unidade autônoma e das partes comuns, um estudo sobre o condômino antissocial não pode ignorar a figura do possuidor do imóvel, aqui abrangendo-se, exemplificativamente, as pessoas do usufrutuário, do locatário e do comodatário.

E isso porque o Código Civil, ao tratar do regime do condômino antissocial em seu art. 1.337, expressamente previu a figura do possuidor, de modo que o estudo do regime aqui examinado não pode se limitar à pessoa do condômino. Por isso optamos pela análise não apenas do condômino antissocial, que é comumente enfrentado na doutrina, mas também do possuidor, a fim de não apenas nos mantermos fiel ao texto legal e ao regime jurídico previsto pelo legislador, como também para não deixarmos lacunas em questões práticas relevantíssimas, como aquelas que comumente ocorrem nos condomínios edilícios com locatários que abusam do seu direito ou não o usam em conformidade com os fins e valores de nosso ordenamento.

A figura do condômino e do possuidor de comportamento antissocial, ao menos sob o prisma legal, é uma inovação do Código Civil de 2002. Até então não previstos na Lei 4.591/1964, a caracterização do condômino e do possuidor antissocial veio na trilha da melhor proteção dos demais condôminos e possuidores e do próprio ambiente condominial, e para o atendimento dos valores e princípios constitucionais da dignidade da pessoa humana e da tutela plena da moradia e da livre iniciativa. Assim, e para a exata compreensão do regime que iremos examinar, imprescindível se faz a adequada caracterização das figuras do condômino e do possuidor das unidades autônomas do condomínio edilício.

Como vimos, o regramento aplicável ao condômino e ao possuidor antissocial está previsto no art. 1.337 do Código Civil, e mais particularmente em seu parágrafo único, os quais preveem o seguinte:

> Art. 1.337. O condômino, ou possuidor, que não cumpre reiteradamente com os seus deveres perante o condomínio poderá, por deliberação de três quartos dos condôminos restantes, ser constrangido a pagar multa correspondente até ao quíntuplo do valor atribuído à contribuição para as despesas condominiais, conforme a gravidade das faltas e a reiteração, independentemente das perdas e danos que se apurem.
>
> Parágrafo único. O condômino ou possuidor que, por seu reiterado comportamento antissocial, gerar incompatibilidade de convivência com os demais condôminos ou possuidores, poderá ser constrangido a pagar multa correspondente ao décuplo do valor atribuído à contribuição para as despesas condominiais, até ulterior deliberação da assembleia.

Da previsão legal é possível notar que é um pressuposto necessário, para a aplicação do regime jurídico especial previsto na lei, notadamente as sanções nela previstas, a correta definição do condômino e do possuidor-ocupante do imóvel que pode se caracterizar como antissocial, assim como a própria definição do que seria uma conduta antissocial que autorize a aplicação das severas sanções previstas no Código Civil.

Desde logo é possível perceber que o alcance da norma é amplo, na medida em que abarca não apenas o condômino em sentido estrito, coproprietário das unidades autônomas e das partes comuns, como também o possuidor a qualquer título da unidade autônoma.

Condômino, em sentido estrito, é o proprietário da unidade autônoma e cotitular das partes comuns. É aquele que tem o registro do imóvel em seu nome e, portanto, é o titular do domínio. Sem prejuízo, o legislador equipara ao condômino as pessoas dos promitentes-compradores e os cessionários de direitos relativos às unidades autônomas, consoante o disposto no art. 1.334, § 2º, do Código Civil. Por essa razão não trataremos essas duas figuras como possuidores, pois a lei os equipara aos condôminos. A propósito, a própria lei os diferencia dos possuidores, como se infere de uma interpretação sistemática do art. 1.334 do Código Civil. Vejamos, pois, a redação do dispositivo para uma melhor compreensão:

> Art. 1.334. Além das cláusulas referidas no art. 1.332 e das que os interessados houverem por bem estipular, a convenção determinará:
>
> I – a quota proporcional e o modo de pagamento das contribuições dos condôminos para atender às despesas ordinárias e extraordinárias do condomínio;
>
> II – sua forma de administração;

III – a competência das assembleias, forma de sua convocação e quórum exigido para as deliberações;

IV – as sanções a que estão sujeitos os condôminos, ou possuidores;

V – o regimento interno.

§ 1º A convenção poderá ser feita por escritura pública ou por instrumento particular.

§ 2º São equiparados aos proprietários, para os fins deste artigo, salvo disposição em contrário, os promitentes compradores e os cessionários de direitos relativos às unidades autônomas.

Notem que o legislador, nos incisos do art. 1.334 do Código Civil, menciona reiteradamente a figura do condômino. E ao fazê-lo equipara o condômino ao promitente comprador, e também ao cessionário de direitos, no já mencionado § 2º do art. 1.334. Sem prejuízo, o legislador também destacou separadamente o condômino e o possuidor, como se observa do inciso IV do art. 1.334, a evidenciar que eles não se confundem e não se equiparam. Portanto, quando da menção às pessoas do promitente comprador e do cessionário de direitos, devemos ter em mente que eles são tratados como condôminos, e não como meros possuidores.

Disso tudo podemos empreender que o condômino é aquele que mantém uma relação formal com o condomínio, pela posição de titularidade do direito real de propriedade, dada a sua condição registral de titular da unidade autônoma e coproprietário das partes comuns. O promitente comprador e o cessionário de direitos, embora não sejam proprietários registrais, têm a expectativa de sê-lo, porque seu título lhes dá direito de adquirir tal *status* jurídico.

Diferentemente temos a pessoa do possuidor. Sobre ele, e primeiramente, é preciso destacar que a diferenciação proposta pelo legislador, à toda evidência, afasta a figura do proprietário-possuidor, isto é, o proprietário que está na posse do imóvel, assim como do proprietário que detém apenas a posse indireta. Por certo, quis o legislador tratar, na hipótese, daquele que tem a posse direta da unidade e das partes comuns, sem ser o seu titular. Chegamos a tal conclusão porque o Código Civil, ao tratar do comportamento antissocial, especificamente fala em condômino *ou* possuidor, tratando-os separadamente. Assim, quando falamos em condômino, para fins de caracterização do comportamento antissocial, estamos fazendo menção ao proprietário que está exercendo a posse direta, isto é, o proprietário-possuidor. De outro modo, ao falarmos em possuidor, estaremos tratando do *mero* possuidor, ou seja, aquele que tem a posse e não a propriedade.

O possuidor sujeito ao regime da antissocialidade, portanto, é aquele que está em pleno uso e gozo da coisa, tendo sobre ela o poder de fato, sujeitando-a a ele, sem ser o proprietário, como é o caso do usufrutuário, do locatário e do comodatário. E não poderia ser diferente. O possuidor, mesmo não tendo a qualidade de titular registral, vive no ambiente condominial e convive com os demais condôminos e possuidores. Por essa razão, deve observar, naquilo que for compatível com o seu *status* jurídico, os direitos e deveres titularizados e exigíveis dos condôminos, tanto aqueles frutos da condominialidade, quanto das relações de vizinhança.

Visto quem é o condômino e o possuidor que se submete ao regime da antissocialidade, dúvida que exsurge diz respeito à figura do detentor. Imaginem um caseiro de uma casa em um condomínio edilício, ou um empregado doméstico em um apartamento de um condomínio residencial, que diariamente pratiquem condutas que incomodem os condôminos e possuidores das outras casas e apartamentos. Exemplo corriqueiro é o da empregada que, ao lavar a varanda do apartamento, inunda a varanda da unidade abaixo, ou mesmo molha e suja roupas e objetos que estão nesse cômodo do apartamento do vizinho. Pode, então, o detentor se caracterizar juridicamente como antissocial e, assim, estar sujeito ao regime e às sanções previstas no Código Civil? A resposta, a nosso sentir, é negativa.

Primeiro, e isso é preciso ter em mente, a qualificação como antissocial, prevista no Código Civil, é jurídica, e não fática, como veremos adiante. Isso porque o condômino ou possuidor antissocial, previsto na lei civil, não é aquele que simplesmente não é uma pessoa sociável ou mal-educada, assim como também não é aquela pessoa que pura e simplesmente viola a lei e a Convenção e incomoda os condôminos e possuidores das unidades. Se assim o fosse, qualquer pessoa de fora do condomínio que reiteradamente praticasse atos incômodos aos condôminos, poderia se qualificar como tal e se sujeitar aos efeitos da lei aplicáveis ao condômino ou possuidor antissocial. Isso não significa, contudo, que ele não possa ser responsabilizado por seus atos. Ele apenas não o será pela aplicação das regras de uma relação condominial.

Pense-se, por exemplo, em um restaurante estabelecido ao lado do prédio e que não tenha um adequado sistema de exaustão, e por isso exale diuturnamente um forte cheiro de fritura de alimentos que impregna as unidades do prédio, tornando insuportável a vida para os condôminos e possuidores. Além disso, quando o síndico e funcionários do prédio reclamam providências, o dono do negócio os trata com rispidez e rudeza. Em uma situação como essa, poderá o dono do restaurante se qualificar como condômino ou possuidor antissocial? Sob a ótica jurídica, pensamos que não. Embora, sob a ótica não jurídica, e apenas social, ele seja uma pessoa antissocial, sob a ótica jurídica a definição de um condômino ou possuidor antissocial está diretamente atrelada ao seu vínculo com a coisa e com os demais condôminos e possuidores de unidades.

Expliquemos. O condômino ou o possuidor que pode ser qualificar juridicamente como antissocial é aquele que tem um vínculo com os demais condôminos e possuidores decorrente da situação condominial edilícia. O condômino é, como vimos, o coproprietário e cotitular das partes comuns e proprietário e titular exclusivo das unidades autônomas, de modo a compartilhar direitos e deveres com os demais. De igual forma é a situação do possuidor que, pelo título que possui, mantém vínculo semelhante com os condôminos e demais copossuidores, de compartilhamento de direitos e deveres condominiais.

Já o detentor é um possuidor precário, que tem uma posse degradada e insuficiente para gerar direitos. Nesse sentido, explicitam Nelson Rosenvald e Cristiano Chaves de Farias:

> A *detenção* é uma posse degradada, juridicamente desqualificada pelo ordenamento vigente. O detentor não poderá manejar ações possessória e nem tampouco alcançar a propriedade pela via da usucapião. O legislador entendeu que, em determinadas situações, alguém possui poder fático sobre a coisa sem que sua conduta alcance repercussão jurídica, a ponto de ser negada ao detentor a tutela possessória.[1]

Dessa degradação se extrai que o detentor não tem vínculo condominial ou possessório com os condôminos e possuidores do condomínio, não titularizando os direitos inerentes a eles, e tampouco se sujeitando aos deveres que se impõem dessa condição, de modo que ele não pode se qualificar juridicamente como antissocial para sujeição ao regime jurídico especial previsto no Código Civil.

Destaque-se, contudo, que isso não significa que não existam direitos e deveres a serem observados pelo detentor. É evidente que ele deverá respeitar as normas e regras atinentes ao condomínio, como aquelas dispostas na Convenção e no Regimento Interno voltadas aos visitantes, empregados e prepostos de um modo geral dos condôminos e possuidores, pelo simples fato de ele estar inserido no ambiente condominial. Mas esses direitos e deveres, que toda e qualquer pessoa que estiver no ambiente de um condomínio deve observar, evidentemente não são aqueles decorrentes da situação jurídica condominial, na medida em que ele não é um condômino, e tampouco um possuidor.

O segundo fundamento diz respeito às próprias sanções. Como veremos nos tópicos seguintes, as sanções aplicáveis ao condômino ou possuidor antissocial são pessoais, isto é, personalíssimas, e decorrem do *status* jurídico destes. As penas são aplicáveis à pessoa do infrator, e dele não podem passar, em respeito ao princípio da pessoalidade da pena. Já no caso da conduta "socialmente" antissocial do detentor, eventuais penas serão aplicáveis ao condômino ou possuidor ao qual o detentor estiver subordinado. Isso porque ele é um mero *longa manus*

---

1. ROSENVALD, Nelson; FARIAS, Cristiano Chaves de. *Curso de direito civil*: reais. 15. ed. Salvador: JusPodivm, 2019, v. 5, p. 131.

do coproprietário ou possuidor, de modo que a conduta violadora dos deveres legais e convencionais praticada por aquele será imputável a estes.

Como terceiro e último fundamento, destacamos que o regime do condômino antissocial é excepcional, notadamente diante das sanções que lhe são aplicáveis por decisão dos condôminos reunidos em Assembleia. Nessa esteira, e por se tratar de uma regra de exceção, que interfere severamente na esfera jurídica do indivíduo, pensamos que sua interpretação deve ser estrita, e não ampliativa.

Sem embargo do nosso posicionamento, encontramos vozes relevantes na doutrina que afirmam que a definição de condômino ou possuidor antissocial também alcança os detentores e demais pessoas que mantenham vínculo com o possuidor ou condômino, como familiares, visitantes e até mesmo empregados,[2] conferindo caráter amplíssimo à definição de condômino ou possuidor antissocial prevista no Código Civil.

A segunda questão a ser examinada neste tópico diz respeito à definição jurídica da expressão *antissocial* que subordina o condômino ou possuidor ao regime particular previsto na lei civil. O que se busca saber, a partir de agora, é quem é o condômino ou possuidor antissocial que se submete ao regime gravoso do art. 1.337, parágrafo único, do Código Civil.

Primeiramente, cumpre destacar que doutrinariamente é comum fazer-se uma distinção entre as figuras do condômino ou possuidor previstas no *caput* e no parágrafo único do art. 1.337 do Código Civil. O condômino ou possuidor descrito no *caput* do art. 1.337 do Código Civil é o condômino ou possuidor nocivo, enquanto o condômino ou possuidor tratado no parágrafo único do art. 1.337 do Código Civil é aquele denominado propriamente de condômino ou possuidor antissocial.[3] Ambos são tidos como condôminos abusivos, que por força de suas condutas e seu comportamento reprovável colocam em risco a estabilidade do ambiente condominial, que já é naturalmente frágil como um cristal, dada a multiplicidade dos interesses coexistentes dos condôminos. A diferença entre eles está, em verdade, na gravidade da conduta e sua reiteração,

---

2. Nesse sentido, exemplificativamente, é a opinião de Francisco Loureiro (LOUREIRO, Francisco Eduardo. Comentários ao art. 1.331 do Código Civil. In: PELUSO, Cezar (Coord.). *Código civil comentado*: doutrina e jurisprudência. 8. ed. Barueri: Manole, 2014, p. 1.243), Luiz Edson Fachin (FACHIN, Luiz Edson. In: Coordenador: AZEVEDO, Antônio Junqueira de (Coord.). *Comentários ao Código Civil*: parte especial do direito das coisas (arts. 1.277 a 1.368). São Paulo: Saraiva, 2003, v. 15, p. 258) e Sílvio de Salvo Venosa (VENOSA, Sílvio de Salvo. *Direito civil*: reais. 22. ed. São Paulo: Atlas, 2022, v. 4, p. 337).
3. Nesse sentido, ver MELO, Marco Aurélio Bezerra de. Apontamentos sobre o condomínio edilício. In: AZEVEDO, Fábio de Oliveira; MELO, Marco Aurélio Bezerra de. *Direito imobiliário*: escritos em homenagem ao Professor Ricardo Pereira Lira. São Paulo: Atlas, 2015, p. 277 e ss.

bem como na sanção aplicável. Adotaremos, em nosso texto, essa diferenciação, a qual entendemos conveniente e acertada.

O condômino ou possuidor nocivo é aquele que reiteradamente descumpre os deveres legais previstos no art. 1.336 do Código Civil e no art. 10 da Lei 4.591/1964, bem como aqueles previstos na Convenção do condomínio. Sua conduta, frise-se, é grave, mas não tão grave quanto a do condômino ou possuidor antissocial, pois não gera uma incompatibilidade de convivência que coloque em risco a própria estrutura condominial, uma vez que não levam ao impedimento do pleno exercício dos direitos pelos demais titulares e possuidores sobre as unidades autônomas e partes comuns, que são elementos estruturantes do próprio condomínio edilício.

É o caso, por exemplo, do condômino que eventualmente promove festas ou reunião de amigos em sua unidade, até altas horas da madrugada, com volume de som incompatível com o horário. A aplicação da multa simples referida no § 2º do art. 1.336 do Código Civil se revela insuficiente para inibir esse condômino, razão pela qual é necessário que os condôminos, reunidos em Assembleia, o considerem como nocivo e, assim, deliberem pela aplicação da multa prevista no art. 1.337, *caput*, do Código Civil.

Assim, e por ser menos grave sua conduta, a sua sanção também é mais branda do que aquela aplicável ao condômino ou possuidor antissocial. Como veremos nos tópicos seguintes, em que trataremos das sanções aplicáveis aos condôminos, o art. 1.337, *caput*, do Código Civil prevê para o condômino nocivo a aplicação de multa correspondente até o quíntuplo do valor da cota condominial, enquanto o condômino ou possuidor antissocial está sujeito a multa de até o décuplo do valor da cota.

Por essa razão, o condômino ou possuidor antissocial não é o mero descumpridor dos deveres legais e convencionais, mas é aquele cuja conduta é gravíssima, pois põe em risco a própria subsistência do ambiente condominial, na medida em que torna insuportável a convivência com demais os condôminos e possuidores, impossibilitando que estes exerçam de modo pleno seus direitos inerentes às suas posições na relação condominial. Seu comportamento abrange tanto a antissocialidade, quanto o reiterado e diuturno descumprimento dos deveres legais e convencionais,[4] colocando em grave risco ou efetivamente violando a saúde, a segurança e o sossego dos demais. É o caso do condômino que anda armado pelas áreas comuns ameaçando os demais, realiza semanalmente festas em sua unidade, mantém uma enorme quantidade de animais, sem qualquer

---

4. Cf. ROSENVALD, Nelson; FARIAS, Cristiano Chaves de. *Curso de direito civil*: reais. 15. ed. Salvador: JusPodivm, 2019, v. 5, p. 832.

asseio, em seu apartamento, liberando fortes e constantes odores desagradáveis que empesteiam todo o prédio.

Para estes, dada a gravidade da sua conduta, e o próprio risco de subsistência do condomínio, na medida em que os demais condôminos e possuidores não conseguem exercer com plenitude seus direitos de moradia e de exercício de atividades econômicas, a sanção pecuniária é gravíssima, na medida em que, consoante o disposto no art. 1.337, parágrafo único, do Código Civil, pode alcançar até o décuplo do valor da cota condominial, desde que haja deliberação em Assembleia. Além de tal sanção, e como veremos nos tópicos seguintes, discute-se, ainda, a possibilidade de expulsão ou suspensão do exercício do direito de propriedade e da posse por este condômino ou possuidor, dada a gravidade de sua conduta. Trata-se de questão difícil, e que, portanto, nos debruçaremos em tópico próprio.

Vemos, portanto, que as situações envolvendo o condômino ou possuidor nocivo, e aquele antissocial, são distintas, e por essa razão deverão ser verificadas casuisticamente, tanto pelos condôminos reunidos em Assembleia, quanto pelo julgador para o qual eventualmente a questão for submetida. Por isso, e para tentar auxiliar neste mister, impõe-nos discorrer como se define a conduta antissocial.

A ideia jurídica de conduta antissocial, que autoriza a aplicação das sanções previstas no parágrafo único do art. 1.337 do Código Civil, difere, como já tivemos a oportunidade de ver, da noção social do que é antissocial. Com isso se quer dizer que o condômino ou possuidor antissocial não é o indivíduo mal-educado, que não dá bom dia no elevador, que não fala com ninguém, que não cumprimenta os funcionários do prédio e não socializa com os vizinhos.

Juridicamente, o condômino ou possuidor antissocial é aquele que, nos termos do art. 1.337, parágrafo único, do Código Civil, por seu comportamento reiterado, gera uma absoluta incompatibilidade e impossibilidade de convivência com os demais condôminos e possuidores, na medida em que estes, por conta da conduta do condômino ou possuidor infrator, ficam impossibilitados de exercer plenamente os seus direitos. Mas o que é, propriamente, um comportamento antissocial que gera essa incompatibilidade? Trata-se, à toda evidência, como nos tem alertado a doutrina,[5] de um conceito jurídico indeterminado, cujo preenchimento pelo operador do Direito é necessário para a aplicação da norma jurídica.[6]

---

5. Veja-se, entre outros, Nelson Rosenvald e Cristiano Chaves de Farias (ROSENVALD, Nelson; FARIAS, Cristiano Chaves de. *Curso de direito civil*: reais. 15. ed. Salvador: JusPodivm, 2019, v. 5, p. 831).

6. Sobre os conceitos jurídicos indeterminados, ver NEVES, Thiago Ferreira Cardoso. O código civil de 2002: revisitando a principiologia e o emprego das técnicas das cláusulas gerais e dos conceitos jurídicos indeterminados. In: GAMA, Guilherme Calmon Nogueira da; NEVES, Thiago Ferreira Cardoso (Coord.). *20 anos do Código Civil*: relações privadas no início do século XXI. Indaiatuba: Foco, 2022, p. 3-21.

Ainda assim, a doutrina não deixa de enfrentar a questão, e busca explicar no que consiste o comportamento antissocial. Com esse propósito, Luiz Edson Fachin explicita que conduta antissocial é aquela "na qual a estabilidade das relações entre condôminos é gravemente ameaçada, inviabilizando a convivência social".[7]

Embora a referida definição também tenha uma grande carga de abstração, dela se pode extrair que o comportamento antissocial é aquele que perturba e viola, de modo reiterado, incessante e contumaz, especialmente os valores da segurança, da saúde e do sossego, que devem ser preservados no ambiente condominial,[8] contrariando, assim, "as mais elementares regras de convivência civilizada, capaz de colocar em risco a integridade física ou moral dos demais".[9]

Tem-se no comportamento antissocial, então, e de modo inequívoco, uma conduta abusiva e disfuncional do Direito, na medida em que viola a função socioeconômica da propriedade e da posse condominial edilícia, assim como a boa-fé, os bons costumes e os valores e princípios constitucionais que visam assegurar de modo pleno o exercício do direito de moradia e da livre iniciativa de todos os condôminos e possuidores no ambiente condominial, sujeitando o condômino ou possuidor infrator às sanções previstas na lei e na Convenção do condomínio.

Disso se infere que o condômino antissocial é aquele que, de modo reiterado, excede manifestamente os limites dos direitos inerentes à relação condominial, assim como viola os deveres impostos na lei e na Convenção do condomínio, colocando em risco ou efetivamente afrontando a segurança, o sossego e a saúde dos demais, bem como impedindo que os demais condôminos e possuidores exerçam com plenitude seus direitos, o que torna impossível a convivência no ambiente condominial.

Assim, os condôminos reunidos em Assembleia, assim como o magistrado, no momento do preenchimento do conteúdo do conceito jurídico indetermina-do da *antissocialidade*, deverá levar em consideração esses balizadores, a fim de reconhecer a figura jurídica do condômino antissocial e, ao fazê-lo, aplicar-lhe as sanções previstas na norma legal ou convencional.

O que se pode depreender é que não há uma definição objetiva e fechada do conceito de *condômino ou possuidor antissocial*, o que é proposital, pois permite

---

7. FACHIN, Luiz Edson. In: AZEVEDO, Antônio Junqueira de (Coord.). *Comentários ao Código Civil*: parte especial do direito das coisas (arts. 1.277 a 1.368). São Paulo: Saraiva, 2003, v. 15, p. 261).
8. Cf. LOUREIRO, Francisco Eduardo. Comentários ao art. 1.331 do Código Civil. In: PELUSO, Cezar (Coord.). *Código Civil comentado*: doutrina e jurisprudência. 8. ed. Barueri: Manole, 2014, p. 1.265).
9. Nesse sentido explicitou Sylvio Capanema de Souza em nota de atualização da obra de Caio Mário da Silva Pereira (PEREIRA, Caio Mário da Silva. *Condomínio e incorporações*. 12. ed. Atual. Sylvio Capanema de Souza e Melhim Namem Chalhub. Rio de Janeiro: Forense, 2016, p. 130.

que a coletividade de condôminos e, ao fim, o juiz da causa, possam, a partir de situações práticas e concretas, decidir se há, efetiva e concretamente, um comportamento que impossibilite a convivência no ambiente condominial, a fim de aplicar as graves sanções previstas na lei. Até porque há certas realidades que são peculiares do seu tempo e lugar, de modo que há comportamentos que em outros tempos, e até mesmo em certas comunidades, não eram ou não são toleráveis, mas que hoje ou em certas localidades o são. Por isso, entendemos que andou bem o legislador ao disciplinar desta forma o regime do condômino antissocial, fazendo-o por meio de um conceito jurídico indeterminado.

3.2 AS SANÇÕES APLICÁVEIS AO CONDÔMINO OU POSSUIDOR ANTISSOCIAL

A consequência da caracterização do condômino ou possuidor como nocivo e antissocial é a sua sujeição às sanções previstas na lei, na Convenção e no Regimento ou Regulamento Interno. Além daquelas previstas na legislação civil, diversas são as medidas que podem ser previstas nos contratos-tipo ou contratos-normativos do Condomínio, como assim se caracterizam a Convenção e o Regimento ou Regulamento Interno.

Assim, neste tópico enfrentaremos as tormentosas questões envolvendo as sanções passíveis de serem aplicadas ao condômino ou possuidor antissocial. Sem prejuízo, impõe-se, primeiramente, para uma correta e adequada compreensão do regime repressivo às condutas desses condôminos ou possuidores, examinar aquelas sanções que são aplicáveis de um modo amplo aos condôminos de um modo geral, isto é, aqueles que não se caracterizam como nocivos ou antissociais, razão pela qual iniciaremos nosso estudo a partir delas.

Sem prejuízo, três questões de âmbito geral, aplicáveis aos dois regimes (antissocial e *não antissocial*), precisam ser examinadas: (i) a questão da necessidade, ou não, de gradação e evolução na aplicação das penas; (ii) a necessidade, ou não, de observância do devido processo legal na aplicação das sanções e; (iii) a natureza da sanção pecuniária.

a) A pena de advertência e a necessidade, ou não, de gradação na aplicação das sanções

Quanto à primeira questão, atinente a previsão da pena de advertência, e a necessidade, ou não, de gradação na aplicação das sanções, é preciso ter em mente que, na prática dos condomínios, é comum prever-se sanções diversas nas Convenções, não se limitando, portanto, àquelas pecuniárias, como é caso da pena de advertência. Em nossa experiência, conhecemos inúmeros casos de Convenções, e até mesmo Regimentos Internos, que preveem a pena de advertência aos condôminos pela violação dos deveres legais ou convencionais), que é aplicável nos casos de violações menos graves ou como uma primeira pena, que será aplicável antes da pena pecuniária tida como mais gravosa.

Então, por essa lógica, teríamos duas formas de aplicação da pena de advertência: como uma sanção mais leve, para violações menos graves dos deveres dos condôminos ou possuidores; ou como uma primeira pena, um primeiro degrau na escalada de sanções até chegar às penas pecuniárias mais severas.

Dúvida que surge é se é possível tal forma de punição, na medida em que ela não é prevista na lei e, uma vez sendo possível sua aplicação, se é obrigatória a observância dessa gradação, isto é, se é preciso que, uma vez prevista a pena de advertência, esta seja primeiro aplicável antes da incidência das penas pecuniárias.

No tocante à possibilidade da aplicação da pena de advertência, esta só será aplicável se prevista na Convenção ou no Regimento Interno. Nesse sentido, caso os contratos-tipos do condomínio não prevejam essa sanção, ela não será passível de aplicação, tendo em vista que não prevista em lei em sentido *lato*. Exige-se, portanto, previsão formal. Por se tratar a Convenção e o Regimento Interno de um contrato, embora normativo, admite-se que os condôminos acordem, no âmbito da sua autonomia privada, a aplicação desta pena, que não contraria a lei.

Já quanto à necessidade de gradação na aplicação das sanções, entendemos que esta é desnecessária, salvo se a Convenção ou o Regimento Interno contiver previsão nesse sentido. Então, como regra, para a aplicação das penas mais graves, só é exigível que se aplique primeiramente a pena de advertência, antes daquelas, se a Convenção ou o Regimento Interno assim dispuserem de modo expresso. Caso contrário, ainda que prevista nos contratos-normativos do condomínio, nada impedirá que se aplique, desde logo, as penas pecuniárias aos condôminos.

Frisamos, ainda, que não são incomuns os casos de Convenções ou Regimentos Internos que preveem a aplicação da pena de advertência para descumprimentos menos graves dos deveres dos condôminos e possuidores. Tais disposições também são válidas, desde que razoáveis e proporcionais à gravidade das condutas praticadas.

Já quanto às próprias penas pecuniárias previstas em lei, também entendemos não ser necessária a sua aplicação gradativa. Mas, para entendermos essa questão, é preciso antecipar um ponto que será enfrentado nos itens seguintes, que é a diferença de tratamento dado pelo legislador ao condômino ou possuidor dito *comum*, que simplesmente descumpre um dever legal, daquele dado ao condômino ou possuidor nocivo, bem como o antissocial.

Para o condômino ou possuidor que descumpre um dever legal, o Código Civil prevê uma pena pecuniária no § 2º do seu art. 1.336. Já para o condômino ou possuidor nocivo, prevê o Código Civil outra sanção pecuniária prevista no *caput* do art. 1.337. Já para o condômino ou possuidor antissocial, previu o legislador outra pena, mais grave, e que está prevista no parágrafo único do art. 1.337 do Código Civil.

Desse modo, um ponto importante na análise do regime antissocial que tratamos nesta obra diz respeito a saber se há necessidade, ou não, de prévia observância e, portanto, de gradação na aplicação das penas previstas nos arts. 1.336, § 2º; 1.337, *caput*; e parágrafo único do Código Civil ao condômino ou possuidor antissocial. Queremos saber, neste ponto, se é necessário, para a aplicação da pena gravíssima do parágrafo único do art. 1.337 do Código Civil, que antes sejam aplicadas as penas dos arts. 1.336, § 2º e 1.337, *caput*, do CC, de modo que, apenas se estas se revelarem insuficientes, é que se poderá aplicar a pena gravíssima do parágrafo único do art. 1.337 do Código Civil.

Sem embargo de posicionamento contrário, entendemos que não. Isso porque o condômino ou possuidor antissocial, como já vimos, não se resume àquele condômino ou possuidor que descumpre os deveres legais e convencionais. Seu comportamento abrange tanto a antissocialidade, quanto o reiterado e diuturno descumprimento dos deveres legais e convencionais, de modo que sua caracterização é muito mais ampla.

Quanto às sanções previstas nos arts. 1.336, § 2º e 1.337, *caput*, do Código Civil, estas só são aplicáveis no caso do descumprimento de deveres previstos na lei e na Convenção, de modo que entendemos que, constatando-se a prática reiterada de um comportamento antissocial que torne insuportável a vida em comum no condomínio, independentemente de se subsumir aos deveres legais ou convencionais, será possível a aplicação da pena gravíssima prevista no parágrafo único do art. 1.337 do Código Civil, independentemente da aplicação prévia e gradativa das penas previstas nos demais dispositivos.

b) O devido processo legal

A segunda questão que precisa ser enfrentada é a da necessidade, ou não, de observância do devido processo legal quando da aplicação das sanções, isto é, deve o condomínio, ao aplicar as penas previstas em seus contratos-normativos e na lei, utilizar-se de um processo que assegure ao condômino direitos e garantias, como, por exemplo, o contraditório e a ampla defesa, ou tal exigência é desnecessária? A questão, como se verá, é controvertida.

Para entendermos se é necessária, ou não, a observância do devido processo legal, é preciso entender no que ele consiste. Primeiramente, devemos destacar

3 • O REGIME JURÍDICO DO CONDÔMINO E DO POSSUIDOR ANTISSOCIAL

que o devido processo legal não se confunde com o devido procedimento legal, ou seja, um procedimento minuciosamente descrito com os trâmites e as etapas do início à sua conclusão.[10] Em segundo lugar, o devido processo legal é aquele adequado aos fins que se busca alcançar, como é o caso, por exemplo, do processo de conhecimento, de cognição ordinária, aplicável nos casos em que é necessário demonstrar algo ainda incerto, desconhecido, ao contrário do processo de execução que é fundado em título executivo dotado de certeza, liquidez e exigibilidade.[11] Por fim, o devido processo legal é o meio de se alcançar um resultado justo. Logo, devido processo legal é o processo justo, que assegure às partes a justa demonstração e realização de seus direitos.[12]

Assim definido o que é o devido processo legal, cumpre-nos examinar se ele é exigível, ou não, para a aplicação das sanções aos condôminos. E a questão, como já adiantamos anteriormente, é controvertida.

Há um primeiro entendimento no sentido de ser desnecessário o devido processo legal para aplicação das sanções aos condôminos que violem os deveres convencionais e legais, assim como para a aplicação das penas aos condôminos ou possuidores antissociais.[13] Segundo esse entendimento, não se exige o devido processo legal para a aplicação das sanções aos condôminos, com ampla dilação probatória, uma vez que este apenas é exigível em processos judiciais. Basta, pois, para a regularidade da aplicação da pena, que o condômino seja previamente comunicado, abrindo-lhe a possibilidade de, se quiser, manifestar-se por escrito ou verbalmente em Assembleia.

Por outro turno, prevalece na doutrina,[14] assim como na jurisprudência,[15] com o quê concordamos, o entendimento da necessidade de observância do

---

10. Cf. FUX, Luiz. *Curso de direito processual civil*. 5. ed. Rio de Janeiro: Forense, 2022, p. 38.
11. Cf. FUX, Luiz. *Curso de direito processual civil*. 5. ed. Rio de Janeiro: Forense, 2022, p. 38.
12. Cf. FUX, Luiz. *Curso de direito processual civil*. 5. ed. Rio de Janeiro: Forense, 2022, p. 38-39.
13. Nesse sentido, LOUREIRO, Francisco Eduardo. Comentários ao art. 1.331 do Código Civil. In: PELUSO, Cezar (Coord.). *Código Civil comentado*: doutrina e jurisprudência. 8. ed. Barueri: Manole, 2014, p. 1.265.
14. Nesse sentido, ver Marco Aurélio Bezerra de Melo (MELO, Marco Aurélio Bezerra de. *Direito Civil*: coisas. 3. ed. Rio de Janeiro: Forense, 2019, p. 278), Sílvio de Salvo Venosa (VENOSA, Sílvio de Salvo. *Direito civil*: reais. 22. ed. São Paulo: Atlas, 2022, v. 4, p. 334-335) Nelson Rosenvald e Cristiano Chaves de Farias (ROSENVALD, Nelson; FARIAS, Cristiano Chaves de. *Curso de direito civil*: reais. 15. ed. Salvador: JusPodivm, 2019, v. 5, p. 833), e José Fernando Simão e Marcelo Uriel Kairalla (SIMÃO, José Fernando; KAIRALLA, Marcello Uriel. Impossibilidade de exclusão do condômino antissocial. *Revista Jurídica Luso-Brasileira*, a. 5, n. 3, p. 967-992, Lisboa, 2019).
15. Ver, nesse sentido, TJRJ Apelação Cível 0033160-47.2019.8.19.0001. Relatora Desembargadora Mônica Feldman de Mattos. 21ª Câmara Cível. DJ 16.12.2022; TJSP Apelação Cível 1011896-43.2017.8.26.0223. Relator Des. Adilson Araújo. 31ª Câmara de Direito Privado. DJ 28/01/2019. Publicação 28.01.2019; TJMG Apelação Cível 5188191-73.2016.8.13.0024. Relator Des. Marco Aurélio Ferrara Marcolino. DJ 18.03.2021. Publicação 24.03.2021.

devido processo legal quando da aplicação de sanções aos condôminos, garantia essa que decorre da eficácia horizontal dos direitos fundamentais, conforme orientação do enunciado 92 da I Jornada de Direito Civil do Conselho da Justiça Federal – CJF, segundo o qual "As sanções do art. 1.337 do novo Código Civil não podem ser aplicadas sem que se garanta direito de defesa do condômino nocivo".

Então, como se vê, a defesa da aplicabilidade do devido processo legal às relações privadas, e particularmente às relações condominiais, decorre da aplicação da teoria da eficácia horizontal dos direitos fundamentais, obrigando "os particulares, em seus processos privados tendentes a restrições e extinções de direitos, a observá-lo".[16] Desse modo, em que pese seja uma garantia/direito público fundamental, que obrigue o Estado Constitucional a adotar condutas que garantam à pessoa um processo justo, ela se aplicará nas relações jurídicas entre particulares todas as vezes em que houver a tomada de decisões que possam restringir ou extinguir direitos.[17]

Desse modo, no âmbito das relações condominiais, quando da aplicação de sanções aos condôminos, imperiosa é a observância do devido processo legal, assegurando, de modo pleno, o contraditório e a ampla defesa, inclusive conferindo-se um prazo razoável para que o condômino possa apresentar sua defesa.

Cumpre destacar, ainda, que em que pese o Enunciado 92 da I Jornada de Direito Civil do CJF se refira, no tocante à observância da garantia do devido processo legal, apenas ao art. 1.337 do Código Civil, é remansoso na jurisprudência e na doutrina o entendimento de que este deve ser observado na aplicação de quaisquer sanções aos condôminos.

Tamanha a importância da observância dessa garantia, que parcela da doutrina, como é o caso do Professor Sílvio de Salvo Venosa, defende ser necessária a observância não apenas do devido processo legal, mas também a previsão, na Convenção ou no Regimento Interno, de um minucioso procedimento administrativo, inclusive com a possibilidade de aplicação de penas graduadas que se iniciem com a advertência e indo até a sanção pecuniária:[18]

> Qualquer que seja a modalidade de imposição de multa ou penalidade, requer seja conferido direito de defesa ao condômino. Para evitar nulidades, o regimento deve fixar procedimento administrativo para imposição de penalidades, nos moldes de uma sindicância. As punições podem ser graduadas desde a simples advertência até a imposição de multa, dentro de determinados limites ou proibições transitórias de certas atividades no condomínio.

---

16. SARLET, Ingo Wolfgang; MARINONI, Luiz Guilherme; MITIDIERO, Daniel. *Curso de direito constitucional*. 4. ed. São Paulo: Ed. RT, 2015, p. 736.
17. SARLET, Ingo Wolfgang; MARINONI, Luiz Guilherme; MITIDIERO, Daniel. *Curso de direito constitucional*. 4. ed. São Paulo: Ed. RT, 2015, p. 736.
18. VENOSA, Sílvio de Salvo. *Direito civil*: reais. 22. ed. São Paulo: Atlas, 2022, v. 4, p. 334-335.

Vê-se, portanto, que é inequívoca a necessidade de se garantir ao condômino o devido processo legal quando da aplicação de sanções, seja por mero descumprimento dos deveres exigíveis dos condôminos, seja nos casos de condôminos ou possuidores nocivos e antissociais.

c) A natureza da sanção pecuniária

A última questão geral a ser enfrentada, e de extrema importância, é a da natureza da sanção aplicável ao condômino, notadamente aquela pecuniária, conclusão essa que repercutirá na vinculação pessoal, ou não, do condômino ou possuidor infrator à pena imposta.

A dúvida exsurge pela expressão empregada pelo legislador ao prever a sanção aplicável ao condômino ou possuidor infrator: *multa*. O Código Civil, tanto no § 2º do art. 1.336, quanto no *caput* e no parágrafo único do art. 1.337, prevê que ao condômino que não cumpre os deveres legais, assim como ao condômino ou possuidor nocivo e antissocial, aplica-se a pena de multa. Mas será que a sanção prevista na lei é, de fato, uma multa, ou teria ela outra natureza? Para a adequada compreensão dessa questão, é imprescindível, por certo, entender no que consiste a pena de multa.

A multa legal, assim como a multa convencional ou contratual – também chamada de cláusula penal –, em que pese as controvérsias existentes na doutrina, tem como objetivo reforçar o vínculo legal/obrigacional, buscando, ainda, ressarcir o credor pelos prejuízos sofridos quando do descumprimento do dever legal ou, no caso da multa contratual, da obrigação prevista no contrato. Tem a multa em sua essência, portanto, natureza ressarcitória/reparatória, como nos esclarece Caio Mário da Silva Pereira:[19]

> A cláusula penal ou pena convencional – *stipultaio penae* dos romanos – é uma cláusula acessória, em que se impõe sanção econômica, em dinheiro ou outro bem pecuniariamente estimável, contra a parte infringente de uma obrigação.
>
> [...]
>
> Discute-se qual a finalidade ontológica da pena convencional: se garantia do implemento da obrigação, ou se liquidação antecipada das perdas e danos. Com o primeiro destes objetivos, traz consigo um reforço do vínculo obrigacional: o devedor, que já o é em razão da *obligatio*, reforça o dever de prestar com o ajuste de multa, que lhe pode exigir o credor, se vem a faltar ao cumprimento do obrigado. Simultaneamente com esta finalidade, a lei admite que a inexecução faculta ao credor a percepção da cláusula penal, que figura conseguintemente com a liquidação antecipada das perdas e danos, em que normalmente se converteria o inadimplemento.

---

19. PEREIRA, Caio Mário da Silva. *Instituições de direito civil*: obrigações. 28 ed. rev. e atual. por Guilherme Calmon Nogueira da Gama. Rio de Janeiro: Forense, 2016, v. II, item 149, p. 141-142.

Nessa linha de entendimento, no caso das relações condominiais, em se entendendo que a sanção prevista na lei ou na convenção consiste, propriamente, em uma multa, ao aplicá-la ao condômino ou possuidor o objetivo será ressarcir os danos causados à coletividade pelo descumprimento dos deveres legais e convencionais ou pelo comportamento nocivo ou antissocial. Não terá ela, pois, caráter pessoal e punitivo, mas sim reparatório, de modo que ao ser aplicada, a multa se vinculará à unidade, consistindo em uma verdadeira obrigação *propter rem*, que é aquela atrelada à coisa, isto é, que existe em razão da coisa, como ocorre com as cotas condominiais decorrentes da titularidade da unidade autônoma no condomínio edilício, transmitindo-se com o direito real de propriedade, obrigando quem quer que seja seu titular. Com efeito, transferindo-se a propriedade da unidade sem que tenha sido paga a multa, o adquirente terá a obrigação de o fazer.

No entanto, e como esclarece parcela da doutrina, com a qual concordamos, não é esse o propósito do legislador ao prever a pena de *multa* ao condômino ou possuidor infrator, de modo que não tem ela, propriamente, a natureza de multa legal, mas sim de pena civil, isto é, "uma sanção privada em face de um ato antijurídico",[20] com o propósito de punir o condômino ou possuidor pelo descumprimento dos deveres legais e convencionais, ou por sua conduta nociva ou antissocial. Não tem ela, portanto, um caráter reparatório, mas notadamente punitivo-pedagógico, visando, consequentemente, também desestimular a prática de tais condutas.

Reforça-se tal entendimento pelo disposto no próprio § 2º do art. 1.336, bem como no *caput* do art. 1.337 do Código Civil, os quais preveem a aplicação da multa *independentemente das perdas e danos*. Isso significa que a pena civil prevista na lei ou na Convenção não se confunde e não alcança as perdas e danos causados pela conduta do condômino ou possuidor infrator, os quais poderão, e deverão, ser apurados e ressarcidos em separado.

A sanção prevista na lei ou na Convenção, portanto, tem um caráter pessoal, visando punir o condômino ou possuidor por sua prática antijurídica, com o propósito de preservar a estrutura e o ambiente condominial. Com efeito, a pena perseguirá o autor do fato, não se vinculando à coisa, de modo que, no caso de alienação da unidade autônoma, eventual cobrança permanecerá recaindo sobre a pessoa do condômino ou possuidor violador da lei ou da Convenção, bem como aquele nocivo ou antissocial.

---

20. ROSENVALD, Nelson; FARIAS, Cristiano Chaves de. *Curso de direito civil*: reais. 15. ed. Salvador: JusPodivm, 2019, v. 5, p. 830. No mesmo sentido, Pablo Stolze Gagliano e Rodolfo Pamplona Filho (GAGLIANO, Pablo Stolze; PAMPLONA FILHO, Rodolfo. *Novo curso de direito civil*: direitos reais. 4. ed. São Paulo: Saraiva, 2022, v. 5, p. 322).

3 • O REGIME JURÍDICO DO CONDÔMINO E DO POSSUIDOR ANTISSOCIAL — 85

Por essa razão, sua aplicação deverá se dar em documento de cobrança apartado, não podendo ser exigida juntamente com a cota condominial, como, por exemplo, no mesmo boleto. Dever-se-á, na sua aplicação e cobrança, identificar o condômino ou possuidor infrator, de modo a recair apenas sobre a sua pessoa, em nítida observância ao princípio da pessoalidade da pena, o qual é previsto na esfera penal no art. 5º, XLV, e que deve se aplicar às penas civis por analogia.

3.2.1 As sanções aplicáveis aos condôminos ou possuidores pelo descumprimento dos deveres legais

Ao iniciar o exame do regime repressivo e sancionatório aplicável aos condôminos e possuidores de um condomínio edilício, notadamente em comparação com aquele aplicável especificamente ao condômino ou possuidor nocivo e antissocial, é preciso destacar, desde logo, que para os condôminos e possuidores em geral, as penas previstas na Convenção e demais atos normativos do condomínio, assim como aquelas disposta em lei, são aplicáveis, a nosso sentir, tanto no caso de descumprimento dos deveres impostos pela própria Convenção e pelos demais atos normativos emanados do Condomínio, quanto pelo descumprimento dos deveres dos condôminos previstos no art. 1.336 do Código Civil, os quais se aplicam aos possuidores naquilo que for compatível com seu título.

Então, e como se verá, as sanções que ora examinaremos neste tópico dizem respeito ao não cumprimento pontual dos deveres legais impostos aos condôminos e, naquilo que for cabível, também aos possuidores de unidades autônomas dos condomínios, ao contrário do que ocorre com as sanções impostas aos condôminos ou possuidores nocivos e antissociais, que decorrem de práticas antijurídicas reiteradas e contumazes, que não se limitam (embora não excluam) à violação dos deveres legais previstos no art. 1.336 do Código Civil, bem como aqueles previstos nos atos-normativos do condomínio.

Com isso se quer dizer, para que não haja dúvidas, que entendemos que as sanções previstas no art. 1.336 do Código Civil, aplicáveis aos condôminos de um modo geral – isto é, que não se caracterizam como nocivos ou antissociais –, não se limitam aos atos de descumprimento dos deveres previstos em lei, alcançando também o descumprimento dos deveres previstos na Convenção e no Regimento ou Regulamento Interno. No entanto, estas sanções se limitam aos atos pontuais e isolados de descumprimento dos referidos deveres, na medida em que, havendo reiteração nessa conduta, ou outra que leve à insuportabilidade de convívio com os demais, o condômino ou possuidor se subsumirá ao regime do condômino ou possuidor nocivo ou antissocial, e não a este regime geral.

A primeira sanção aplicável ao condômino ou possuidor pela violação dos deveres legais é aquela prevista no § 1º do art. 1.336 do Código Civil, nos casos de não cumprimento do dever previsto no art. 1.336, I, do Código Civil (e também no art. 12 da Lei 4.591/1964), a saber, a não contribuição para as despesas do condomínio.

Neste caso, prevê a norma legal que o condômino, assim como o possuidor obrigado a fazê-lo (v.g. o locatário e o comodatário), que não pagar as taxas ou cotas condominiais estará sujeito ao pagamento dos juros moratórios convencionados ou, não sendo previstos, os de 1% (um por cento) ao mês e multa de até 2% (dois por cento) sobre o débito. Trata-se, portanto, de multa aplicada ao condômino ou possuidor inadimplente com suas obrigações financeiras com o condomínio.

No tocante aos juros de mora pelo atraso no pagamento da taxa condominial, em que pese o Código Civil explicite que o percentual a ser pago é aquele previsto na Convenção, sem estabelecer um limite, o qual só é previsto pelo legislador no caso de ausência de previsão convencional, entendemos que em quaisquer dos casos não poderá a norma de regência do condomínio prever montante superior a 1% (um por cento) ao mês, tendo em vista que este é o limite máximo de juros previsto em nosso ordenamento[21] (máxime o disposto no art. 406 do Código Civil, associado ao disposto no art. 161, § 1º, do Código Tributário Nacional, bem como na Lei da Usura – Decreto 22.626/1933), notadamente em se tratando de relações estranhas às operações no âmbito do Sistema Financeiro Nacional celebradas com instituições financeiras.

Nada obstante, há vozes na doutrina,[22] amparadas pela jurisprudência do Superior Tribunal de Justiça,[23] que entendem que a Convenção poderá estipular juros moratórios superiores ao patamar legal de 1% (um por cento), de modo que só haverá o referido limite se a Convenção for omissa.

Questão, no entanto, que suscita grande controvérsia diz respeito à multa moratória de 2% (dois por cento) prevista no comando legal nas hipóteses de mora do condômino no pagamento de sua contribuição. A problemática diz respeito,

---

21. No mesmo sentido, Marco Aurélio Bezerra de Melo (MELO, Marco Aurélio Bezerra de. *Direito Civil*: coisas. 3. ed. Rio de Janeiro: Forense, 2019, p. 270) Nelson Rosenvald e Cristiano Chaves de Farias (ROSENVALD, Nelson; FARIAS, Cristiano Chaves de. *Curso de direito civil*: reais. 15. ed. Salvador: JusPodivm, 2019, v. 5, p. 830) e Francisco Eduardo Loureiro (LOUREIRO, Francisco Eduardo. Comentários ao art. 1.331 do Código Civil. In: PELUSO, Cezar (Coord.). *Código civil comentado*: doutrina e jurisprudência. 8. ed. Barueri: Manole, 2014, p. 1.260).

22. Cf. GONÇALVES, Carlos Roberto. *Direito civil brasileiro*: direito das coisas. 10. ed. São Paulo: Saraiva, 2015, v. 5, p. 414.

23. Nesse sentido ver, exemplificativamente, o REsp 1445949/SP. Relator Min. Raul Araújo. Quarta Turma. DJe 16.02.2017.

3 • O REGIME JURÍDICO DO CONDÔMINO E DO POSSUIDOR ANTISSOCIAL

primeiro, ao estímulo que a multa de baixo montante produz para o inadimplemento; e segundo, à questão intertemporal, na medida em que a Lei 4.591/1964 prevê, em seu art. 12, § 3º, a incidência de multa de 20% (vinte por cento), o que era comumente reproduzido nas Convenções de condomínio.

Em relação ao percentual, em si, da multa, o Código Civil inovou ao prever o montante de apenas 2% (dois por cento) no caso de atraso no pagamento da cota condominial pelo condômino. Relevante parcela da doutrina[24] criticou a fórmula legal por representar um estímulo e um convite ao inadimplemento do condômino, e isso porque, diante de várias obrigações a serem cumpridas e pagas por ele, como contas de luz, gás, água, aluguel, colégio de filhos etc., as taxas condominiais acabarão relegadas a último plano no caso de eventual dificuldade financeira do devedor.

Ocorre, contudo, que o não cumprimento desse dever produz efeitos nefastos para o ambiente condominial, na medida em que inúmeras obrigações do condomínio acabarão por não poder ser satisfeitas, como, por exemplo, o pagamento de empregados, reparos emergenciais e o pagamento de contas ordinárias, daí porque, como observamos quando da análise dos deveres dos condôminos, ser este considerado como o principal dentre os deveres dos condôminos.

É por essa razão que diversos condomínios acabam por utilizar de um expediente notoriamente contrário à lei, e fortemente criticado pela doutrina,[25] que é a concessão do chamado *abono-pontualidade* ou *desconto de pontualidade*, que nada mais é do que uma forma de camuflar e burlar o regime legal. Isso porque, pelo referido expediente, o condomínio estipula um determinado valor de cota condominial, mas confere um desconto para aquele que efetuar o pagamento da taxa até determinada data, desconto esse que pode chegar até mesmo a 20% (vinte por cento) do valor da cota.

A medida é, como dito, evidentemente uma fraude à lei, pois visa indiretamente aplicar multa em percentual superior a 2% (dois por cento) para aqueles que pagarem a taxa após a data limite para a obtenção de desconto. Para além desta fraude, o expediente também viola o próprio regime condominial, em que o condômino deve contribuir proporcionalmente para as *despesas* do condomí-

---

24. Nesse sentido, ver Marco Aurélio Bezerra de Melo (MELO, Marco Aurélio Bezerra de. *Direito Civil*: coisas. 3. ed. Rio de Janeiro: Forense, 2019, p. 272), Sílvio de Salvo Venosa (VENOSA, Sílvio de Salvo. *Direito civil*: reais. 22. ed. São Paulo: Atlas, 2022, v. 4, p. 332) e Guilherme Calmon Nogueira da Gama (GAMA, Guilherme Calmon Nogueira da. *Direitos reais*. São Paulo: Atlas, 2011, p. 404).

25. Cf. GAMA, Guilherme Calmon Nogueira da. *Direitos reais*. São Paulo: Atlas, 2011, p. 404-405; MELO, Marco Aurélio Bezerra de. *Direito Civil*: coisas. 3. ed. Rio de Janeiro: Forense, 2019, p. 272-273; ROSENVALD, Nelson; FARIAS, Cristiano Chaves de. *Curso de direito civil*: reais. 15. ed. Salvador: JusPodivm, 2019, v. 5, p. 829.

nio. Ao prever um valor de cota condominial mais alto, com a possibilidade de desconto, está-se, em verdade, majorando o valor da cota para além do necessário ao pagamento das despesas do condomínio,[26] o que é indevido, na medida em que o condomínio não foi criado para lucrar, mas sim para conformar o interesse da coletividade, de modo que o dever dos condôminos de pagar a sua cota deve ser limitado efetivamente às despesas do condomínio.

Sem prejuízo, e é preciso destacar, parcela da doutrina entende ser válida a cláusula de bonificação, por ser um estímulo à pontualidade.[27] A referida disposição consistiria em um mero exercício da liberdade, representando a vontade comum, de modo que só poderia ser desconsiderada se atentar contra a lei, a ordem pública, os bons costumes ou se a lei expressamente a declarar nula ou ineficaz.

Segunda questão relevante no tocante à multa prevista no art. 1.336, § 1º, do Código Civil é aquela que diz respeito ao conflito de leis no tempo. Isso porque, como explicitado anteriormente, a Lei 4.591/1964, em seu art. 12, § 3º, prevê a possibilidade de aplicação de multa de até 20% (vinte por cento) sobre o valor da cota no caso de mora do condômino, o que foi reproduzido, inclusive, em inúmeras Convenções e Regimentos Internos. Dúvida que exsurge é se a referida multa prevista na lei anterior continuaria sendo aplicável aos condomínios constituídos sob a sua vigência, e especialmente naqueles casos em que a Convenção ou o Regimento Interno previa, e continua prevendo, expressamente a referida multa.

Antes de enfrentar a questão, é preciso ter em mente que o § 3º do art. 12 da Lei 4.591/1964 foi evidentemente revogado pelo § 1º do art. 1.336 do Código Civil, haja vista que o Código Civil é lei nova que trata expressamente da mesma matéria versada na lei anterior,[28] de modo que deve ser aplicado o disposto no art. 2º, § 1º da LINDB, segundo o qual lei posterior revoga a anterior quando expressamente o declare, quando seja com ela incompatível ou quando regule inteiramente a matéria de que tratava a lei anterior.

Superado este ponto, passar-se-á à análise da tormentosa questão do conflito de leis no tempo. Os pontos centrais da controvérsia dizem respeito à existência, ou não, de um ato jurídico perfeito, que não poderá ser atingido pela lei nova, nos termos do art. 5º, XXXVI, da Constituição Federal, bem como se a norma

---

26. Com a mesma opinião crítica, ver, MELO, Marco Aurélio Bezerra de. *Direito Civil*: coisas. 3. ed. Rio de Janeiro: Forense, 2019, p. 272-273.
27. Cf. GONÇALVES, Carlos Roberto. *Direito civil brasileiro*: direito das coisas. 10. ed. São Paulo: Saraiva, 2015, v. 5, p. 416.
28. No mesmo sentido, TARTUCE, Flávio; SIMÃO, José Fernando. *Direito civil*: direito das coisas. 2. ed. São Paulo: Método, 2009, v. 4, p. 297.

3 • O REGIME JURÍDICO DO CONDÔMINO E DO POSSUIDOR ANTISSOCIAL

prevista no Código Civil pode ser considerada como de ordem pública, que deve incidir imediatamente, atingindo os efeitos futuros do ato pretérito (retroatividade mínima).

Para uma primeira parcela da doutrina,[29] o percentual da multa prevista no § 1º do art. 1.336, do Código Civil é aplicável apenas para os condomínios constituídos após a entrada em vigor do Código Civil de 2002, de modo que aqueles constituídos anteriormente, e cujas Convenções estipulem multa superior ao teto da lei civil, em consonância com a Lei 4.591/1964, continuarão a observar a lei anterior.

Justifica-se tal posicionamento pela inafastável aplicação do já mencionado art. 5º, XXXVI, da Constituição Federal. Segundo tal parcela da doutrina, a Convenção do condomínio tem natureza de ato-regra, consubstanciando-se em um negócio jurídico plurilateral dotado de força normativa, na medida em que se caracteriza como uma norma geral e abstrata, inclusive com obrigatoriedade *ultra partes* quando devidamente registrada no competente cartório de registro de imóveis. Nesse sentido, tem-se um ato jurídico perfeito, o qual é intangível por força da norma inserta no art. 5º, XXXVI, da Constituição Federal, e também no art. 6º, § 1º da LINDB. Como consequência, o Código Civil não poderá atingir as Convenções de condomínio que lhe são anteriores, razão pela qual permanecerá aplicável a multa de até 20% (vinte por cento) aos condomínios constituídos antes da lei civil, cujas Convenções assim prevejam.

Por outro turno, parcela majoritária da doutrina,[30] assim como a jurisprudência do Superior Tribunal de Justiça,[31] a qual nos filiamos, defende a imediata aplicação da regra do art. 1.336, § 1º, do Código Civil, mesmo para os condomínios constituídos anteriormente ao Código Civil de 2002.

Segundo tal entendimento que, repise-se, perfilhamos, o Código Civil de 2002 é norma de ordem pública e, como tal, tem incidência imediata, incidindo sobre os efeitos futuros dos atos e negócios jurídicos celebrados antes da sua

---

29. Ver, exemplificativamente, Marco Aurélio Bezerra de Melo (MELO, Marco Aurélio Bezerra de. *Direito Civil*: coisas. 3. ed. Rio de Janeiro: Forense, 2019, p. 272-273), Marco Aurélio Viana (VIANA, Marco Aurelio S. In: TEIXEIRA, Sálvio de Figueiredo (Coord.). *Comentários ao novo Código Civil*: dos direitos reais. Arts. 1.225 a 1.510. 3. ed. Rio de Janeiro: Forense, 2007, v. XVI, p. 510-511) e Carlos Roberto Gonçalves (GONÇALVES, Carlos Roberto. *Direito civil brasileiro*: direito das coisas. 10. ed. São Paulo: Saraiva, 2015, v. 5, p. 414).
30. Cf. ROSENVALD, Nelson; FARIAS, Cristiano Chaves de. *Curso de direito civil*: reais. 15. ed. Salvador: JusPodivm, 2019, v. 5, p. 826-828; e TARTUCE, Flávio; SIMÃO, José Fernando. *Direito civil*: direito das coisas. 2. ed. São Paulo: Método, 2009, v. 4, p. 299.
31. Ver, dentre outros, REsp 746589 / RS. Relator Ministro Aldir Passarinho. Quarta Turma. DJ 18.09.2006.

entrada em vigor, como se infere do disposto em seu art. 2.035.[32] Com efeito, não podem as Convenções anteriores ao novo diploma civil contrariarem suas disposições.

Sobre o disposto na norma constitucional, mais especificamente o art. 5º, XXXVI, da Lei Fundamental, a referida interpretação em nada viola a Constituição Federal. Isso porque a incidência imediata do Código Civil não desconstitui ou invalida o ato jurídico perfeito, mas apenas repercute sobre o plano da eficácia do ato ou negócio, atingindo seus efeitos futuros. Por essa razão, eventuais débitos anteriores à entrada em vigor do Código Civil de 2002 não poderão ser atingidos para reduzir o percentual da multa, de modo que apenas a mora posterior é que se sujeitará aos efeitos da nova lei civil. Nesse sentido, e exemplificativamente, vale transcrever a lição de José Fernando Simão e Flávio Tartuce, que elucida a questão:[33]

> Por esse caminho, conclui-se que a Constituição Federal de 1988 teve por objetivo preservar os fatos consumados, protegendo o ato jurídico perfeito em seu art. 5º, XXXVI, mas não engessar as relações jurídicas, tornando-as imutáveis para todo o sempre. Se fosse assim, nem a lei, que perfaz um ato jurídico perfeito, poderia ser alterada. Conclui-se tal tese afirmando que a convenção não pode contrariar a Constituição Federal ou a lei civil, mesmo porque, tendo a multa natureza de penalidade, deve ceder à lei mais benéfica, ou seja, às disposições do Código Civil de 2002.
>
> Em realidade, estamos diante dos chamados *fatos pendentes*. Como a lei tem efeitos gerais e imediatos, só atingirá os fatos futuros (*facta futura*) que se realizarem sob a sua vigência, não abrangendo os fatos pretéritos (*facta praeterita*) compreendidos pela cláusula constitucional.

Assim, e como conclusão, a partir desse entendimento, com a entrada em vigor do Código Civil de 2002, é indevida a aplicação de multa superior a 2% (dois por cento) no caso de inadimplemento do condômino ou possuidor.

Por fim, cumpre destacar que a referida multa, por consistir em verdadeira cláusula penal, montante acessório que se agrega ao valor da cota condominial, ficará atrelada à unidade, consubstanciando-se, juntamente com a taxa do condomínio, em obrigação *propter rem*.

Ainda sobre as sanções aplicáveis aos condôminos ou possuidores pelo descumprimento dos deveres legais, prevê o § 2º do art. 1.336 do Código Civil que o

---

32. Art. 2.035. A validade dos negócios e demais atos jurídicos, constituídos antes da entrada em vigor deste Código, obedece ao disposto nas leis anteriores, referidas no art. 2.045, mas os seus efeitos, produzidos após a vigência deste Código, aos preceitos dele se subordinam, salvo se houver sido prevista pelas partes determinada forma de execução.

33. TARTUCE, Flávio; SIMÃO, José Fernando. *Direito civil*: direito das coisas. 2. ed. São Paulo: Método, 2009, v. 4, p. 299.

condômino que não cumprir qualquer dos deveres estabelecidos nos incisos II a IV, pagará a multa prevista no ato constitutivo ou na convenção, não podendo ela ser superior a cinco vezes o valor de suas contribuições mensais, independentemente das perdas e danos que se apurarem. Sem prejuízo, não havendo disposição expressa, caberá à assembleia geral, por 2/3 (dois-terços) no mínimo dos condôminos restantes, deliberar sobre a cobrança da multa.

Previu-se, pois, no mencionado dispositivo, a aplicação de uma sanção pecuniária ao condômino ou possuidor que não cumpre com os demais deveres previstos no art. 1.336 do Código Civil, sanção essa que, como vimos anteriormente, tem caráter de pena civil[34] e, logo, é personalíssima, na medida em que visa punir o condômino ou possuidor infrator, bem como inibir novas condutas violadoras da lei e, também, da Convenção.

Então, a multa prevista no art. 1.336, § 2º, do Código Civil se aplicará apenas à violação dos demais deveres previstos no art. 1.336 do Código Civil (assim como aqueles também previstos na Convenção), excluindo-se, pois, aquele inerente ao dever de pagar as taxas condominiais, cuja sanção será aquela prevista no art. 1.336, § 1º, do Código Civil, e que enfrentamos anteriormente.[35]

Assim, ao condômino ou possuidor que realizar obras que comprometam a segurança da edificação, que altere a forma e a cor da fachada e das partes e esquadrias externas, assim como que der à sua unidade destinação diversa que tem a edificação, ou a utilize de maneira prejudicial ao sossego, salubridade, segurança ou bons costumes, estará sujeito à pena prevista na Convenção, a qual não poderá ultrapassar montante equivalente ao valor de 05 (cinco) cotas condominiais. Acresça-se a tais condutas aquelas que também violem os deveres convencionais e regimentais, mas desde que seja a violação pontual, a fim de não se confundir com o regime do condômino ou possuidor nocivo e antissocial.

Uma vez prevista na Convenção, competirá ao síndico aplicar a pena,[36] tendo em vista que é seu dever, consoante o disposto no art. 1.348, IV, do Código Civil, fazer cumprir a Convenção.

Caso, no entanto, a Convenção não a preveja, competirá aos condôminos (e não ao síndico), reunidos em Assembleia, decidirem pela aplicação e pelo

---

34. No mesmo sentido, ROSENVALD, Nelson; FARIAS, Cristiano Chaves de. *Curso de direito civil*: reais. 15. ed. Salvador: JusPodivm, 2019, v. 5, p. 830.

35. No mesmo sentido, ROSENVALD, Nelson; FARIAS, Cristiano Chaves de. *Curso de direito civil*: reais. 15. ed. Salvador: JusPodivm, 2019, v. 5, p. 830.

36. TARTUCE, Flávio; SIMÃO, José Fernando. *Direito civil*: direito das coisas. 2. ed. São Paulo: Método, 2009, v. 4, p. 301.

valor da multa, o qual, evidentemente, não poderá ultrapassar o teto anteriormente mencionado. A aprovação, tanto da incidência da multa, quanto do seu montante, dependerá de voto de, no mínimo, 2/3 (dois-terços) dos condôminos, desconsiderando-se, à toda evidência, o condômino infrator para fins da aferição do quórum.[37]

Em quaisquer dos casos, a aplicação da pena deverá observar a proporcionalidade entre a gravidade da conduta e o limite do montante previsto na lei e na Convenção, de modo que a inobservância desse critério autorizará o condômino a buscar judicialmente a revisão da sanção aplicável pela desproporcionalidade.

Além disso, dever-se-á observar, como já explicitamos anteriormente, o devido processo legal, de modo a assegurar ao infrator o contraditório e a ampla defesa, sendo certo que a deliberação acerca da aplicação da pena exigirá prévia e expressa convocação, especificando-se o item em separado na pauta, de modo que não se admite a sua deliberação dentro do tema *assuntos gerais*.[38]

Por derradeiro, a aplicação da pena prevista no art. 1.336, § 2º, do Código Civil não exclui a possibilidade de o condomínio, assim como eventual condômino afetado diretamente, postular judicialmente as perdas e danos decorrentes da conduta praticada pelo condômino infrator, haja vista que as funções e as causas, de uma e de outra, são distintas, como já tivemos a oportunidade de explicitar.[39]

3.2.2 As sanções aplicáveis aos condôminos ou possuidores nocivos e antissociais

Chegamos, enfim, às polêmicas questões envolvendo as sanções aplicáveis aos condôminos e possuidores nocivos e antissociais previstas, respectivamente, no *caput* e no parágrafo único do art. 1.337 do Código Civil. Como vimos no item 3.1, a doutrina tem diferenciado essas duas espécies de condôminos e possuidores a partir das sanções previstas na lei civil. Nessa esteira, condômino ou possuidor nocivo é aquele que, na forma do *caput* do art. 1.337 do Código Civil, descumpre *reiteradamente* com os seus deveres perante o condomínio. Por outro turno, caracteriza-se como antissocial o condômino ou o possuidor que *reiteradamente* se comporta de modo antissocial a ponto de gerar incompatibilidade de convivência com os demais condôminos e possuidores.

---

37. VIANA, Marco Aurelio S. In: TEIXEIRA, Sálvio de Figueiredo (Coord.). *Comentários ao novo Código Civil*: dos direitos reais. Arts. 1.225 a 1.510. 3. ed. Rio de Janeiro: Forense, 2007, v. XVI, p. 513-514.
38. MELO, Marco Aurélio Bezerra de. *Direito Civil*: coisas. 3. ed. Rio de Janeiro: Forense, 2019, p. 277.
39. No mesmo sentido, MELO, Marco Aurélio Bezerra de. *Direito Civil*: coisas. 3. ed. Rio de Janeiro: Forense, 2019, p. 277.

Disso se infere que a palavra-chave para a caracterização do condômino e do possuidor como nocivo, e também antissocial, é a reiteração de comportamentos antijurídicos, assim caracterizados aqueles correspondentes ao descumprimento dos deveres legais ou convencionais, bem como aqueles tidos como antissociais que tornam insustentável a vida em condomínio, de modo que atos isolados ou pontuais não autorizam a aplicação da pena por comportamento nocivo ou antissocial, mas apenas aquela do art. 1.336, § 2º do Código Civil, como destaca Francisco Eduardo Loureiro:[40]

> A imposição da multa independe de previsão na convenção do condomínio e exige apenas que a conduta ilícita seja "reiterada", não bastando, portanto, ato isolado e pontual. O que se pune é a renitência do condômino em curvar-se a seus deveres perante o condomínio.

Desse modo, havendo a referida reiteração, possível será a aplicação das elevadas penas pecuniárias previstas na lei civil. Sem embargos, precisamos observar que, para além das sanções previstas na lei, passíveis de aplicação *administrativamente* pelo condomínio, é possível que o próprio condomínio, ou mesmo os demais condôminos ou possuidores, se socorram do Poder Judiciário visando sanar a situação conflituosa. Por isso, nada impede que se proponha, por exemplo, uma ação de obrigação de não fazer, com a cominação de *astreintes*, a fim de que o condômino ou possuidor nocivo ou antissocial cesse sua conduta. Além disso, nenhum impedimento há na propositura de ações indenizatórias visando a reparação por danos materiais e até mesmo morais decorrentes da conduta nociva ou antissocial. Portanto, o que examinaremos, nos itens a seguir, são as medidas exclusivamente previstas no Código Civil, e particularmente no *caput* e no parágrafo único do seu art. 1.337, as quais não impedem, à toda evidência, a busca por medidas judiciais de maior concretude e efetividade.

Feitas essas importantes observações, iniciaremos nosso estudo pelo regime aplicável ao condômino ou possuidor nocivo.

a) Regime sancionatório do condômino ou possuidor nocivo

No primeiro caso, atinente ao condômino ou possuidor nocivo, prevê o *caput* do art. 1.337 do Código Civil que ele *poderá ser constrangido* a pagar multa correspondente até o quíntuplo do valor da cota condominial, proporcionalmente à gravidade da conduta e a sua reiteração, desde que deliberada por 3/4 (três--quartos) dos condôminos restantes, sem prejuízo das perdas e danos.

---

40. LOUREIRO, Francisco Eduardo. Comentários ao art. 1.331 do Código Civil. In: PELUSO, Cezar (Coord.). *Código civil comentado*: doutrina e jurisprudência. 8. ed. Barueri: Manole, 2014, p. 1.265.

Primeiro ponto a se destacar, e que temos reiterado sistematicamente, é o fato de que a *multa* prevista é, na verdade, uma pena civil, de caráter pessoal, visando punir o condômino e o possuidor por sua reiterada conduta de descumprimento dos deveres que possui para com o condomínio, bem como inibi-lo de continuar as praticando. Não há, pois, em que pese exista posicionamento em contrário,[41] solidariedade entre o infrator e outro coproprietário ou copossuidor da unidade autônoma, na medida em que, em se tratando de uma pena civil, que não pode passar da pessoa do apenado, eventual solidariedade só poderia decorrer da lei ou de contrato, o que não ocorre nesses casos.

Segundo ponto é que, ao contrário do que dispõe o § 2º do art. 1.336 do Código Civil, que prevê a aplicação de pena ao condômino que descumpre os deveres previstos na lei, e mais particularmente aqueles constantes dos incisos II, III e IV do art. 1.336 do diploma civil, no caso do *caput* do art. 1.337 do Código Civil o legislador se refere, de modo amplo, ao *não cumprimento de deveres para com o condomínio*, do que se infere que a possibilidade de aplicação de pena ao condômino e ao possuidor nocivo não se limita aos casos de reiteração do descumprimento dos deveres legais, isto é, aqueles expressamente previstos em lei, podendo ser todo e qualquer dever que o condômino ou possuidor tenha para com o condomínio, inclusive aqueles previstos apenas na Convenção ou no Regimento Interno.

Sobre esse ponto, devemos observar que, embora defendamos a possibilidade de aplicação das sanções previstas no art. 1.336, § 2º, do Código Civil mesmo no caso de descumprimento das obrigações e dos deveres exclusivamente convencionais para os condôminos ou possuidores não nocivos e não antissociais, no caso dos condôminos ou possuidores nocivos o legislador deixa evidente tal possibilidade, isto é, a possibilidade de aplicação da pena tanto no caso de violação ao dever legal, quanto daquele previsto na Convenção ou em outro ato-normativo do condomínio, a revelar uma preocupação com a prática reiterada de condutas violadoras da ordem condominial. O objetivo é, portanto, assegurar a ordem e a harmonia do ambiente do condomínio edilício de modo amplo.

Nessa preocupação se insere, inclusive, aquela atinente ao não pagamento contumaz das cotas condominiais, gerando perturbações de diversas ordens aos condôminos. Não são incomuns os casos de condôminos ou possuidores que, intencionalmente, permanecem inadimplentes, aproveitando-se de disposições convencionais ou mesmo de decisões emanadas de Assembleias que conferem ao condômino uma carência de dois, três ou mais meses de

---

41. FACHIN, Luiz Edson. In: AZEVEDO, Antônio Junqueira de (Coord.). *Comentários ao Código Civil*: parte especial do direito das coisas (arts. 1.277 a 1.368). São Paulo: Saraiva, 2003, v. 15, p. 258.

3 • O REGIME JURÍDICO DO CONDÔMINO E DO POSSUIDOR ANTISSOCIAL

mora antes do ajuizamento das ações cabíveis para a satisfação do crédito do condomínio.

Expliquemos. Há condomínios que preveem em suas Convenções, ou deliberam em Assembleia, uma condição de procedibilidade para o ajuizamento da ação de cobrança ou da execução das cotas condominiais, qual seja, estar o condômino inadimplente por um número mínimo de meses. Adota-se tal postura para evitar a banalização de ações judiciais em face dos condôminos inadimplentes, assim como para preservar aqueles que passam por dificuldades financeiras momentâneas. Isso porque, a rigor, com apenas 01 (um) dia de atraso já é possível a adoção das medidas legais e judiciais de cobrança.

Ocorre, contudo, que há condôminos, de fato, nocivos, que usam desse subterfúgio para prejudicar o condomínio e, consequentemente, a coletividade. E as razões são inúmeras: brigas com vizinhos, desentendimentos com o síndico, insatisfação com alguma decisão assemblear... enfim, são vários os motivos que levam à prática de tal conduta.

Por essa razão, parece-nos induvidoso, com o quê concorda parcela da doutrina,[42] bem como a jurisprudência do STJ,[43] que é possível a aplicação da sanção prevista para o condômino ou possuidor nocivo àquele que reiteradamente descumpre o dever de pagar as cotas condominiais. Veja-se, a propósito, que no

---

42. No mesmo sentido, e exemplificativamente, é a opinião de Luiz Edson Fachin (FACHIN, Luiz Edson. In: AZEVEDO, Antônio Junqueira de (Coord.). *Comentários ao Código Civil*: parte especial do direito das coisas (arts. 1.277 a 1.368). São Paulo: Saraiva, 2003, v. 15, p. 260-261), Nelson Rosenvald e Cristiano Chaves de Farias (ROSENVALD, Nelson; FARIAS, Cristiano Chaves de. *Curso de direito civil*: reais. 15. ed. Salvador: JusPodivm, 2019, v. 5, p. 832) e Francisco Eduardo Loureiro (LOUREIRO, Francisco Eduardo. Comentários ao art. 1.331 do Código Civil. In: PELUSO, Cezar (Coord.). *Código Civil comentado*: doutrina e jurisprudência. 8. ed. Barueri: Manole, 2014, p. 1.265).

43. Ver, exemplificativamente, a seguinte ementa resumida: Recurso especial. Direito condominial. Devedor de cotas condominiais ordinárias e extraordinárias. Condômino nocivo ou antissocial. Aplicação das sanções previstas nos arts. 1336, § 1º, e 1.337, *caput*, do Código Civil. possibilidade. necessidade de conduta reiterada e contumaz quanto ao inadimplemento dos débitos condominiais. inexistência de bis in idem. recurso não provido. 1. De acordo com o art. 1.336, § 1º, do Código Civil, o condômino que não pagar a sua contribuição ficará sujeito aos juros moratórios convencionados ou, não sendo previstos, os de 1% (um por cento) ao mês e multa de até 2% (dois por cento) sobre o débito. 2. O condômino que deixar de adimplir reiteradamente a importância devida a título de cotas condominiais poderá, desde que aprovada a sanção em assembleia por deliberação de 3/4 (três quartos) dos condôminos, ser obrigado a pagar multa em até o quíntuplo do valor atribuído à contribuição para as despesas condominiais, conforme a gravidade da falta e a sua reiteração. 3. A aplicação da sanção com base no art. 1.337, caput, do Código Civil exige que o condômino seja devedor reiterado e contumaz em relação ao pagamento dos débitos condominiais, não bastando o simples inadimplemento involuntário de alguns débitos. 4. A multa prevista no § 1º do art. 1.336 do CC/2002 detém natureza jurídica moratória, enquanto a penalidade pecuniária regulada pelo art. 1.337 tem caráter sancionatório, uma vez que, se for o caso, o condomínio pode exigir inclusive a apuração das perdas e danos. 5. Recurso especial não provido. REsp 1247020. Relator Min. Luis Felipe Salomão. Quarta Turma. DJe 11.11.2015.

caso de mora pontual e eventual, não é possível a aplicação dessa sanção, pois como vimos no tópico anterior, o simples não pagamento da cota condominial vai ensejar tão somente a incidência de juros não superiores a 1% (um por cento), bem a aplicação da multa de 2% (dois por cento) sobre o valor da cota. Ocorre, contudo, que no caso da contumácia da conduta, e verificando-se que a mora é intencional, pensamos ser possível a aplicação da pena civil pela caracterização do condômino ou possuidor como nocivo.

O terceiro ponto a se observar é que o legislador não trouxe uma norma imperativa, que obrigue a aplicação da sanção prevista em lei. Ao empregar a expressão *poderá ser constrangido*, quis a lei evidenciar que é possível aplicar ao condômino ou possuidor nocivo outras sanções, que não apenas a pena civil correspondente até o quíntuplo do valor da cota condominial, bem como poderão os condôminos optar por não aplicar sanção alguma.

Sobre outras sanções passíveis de aplicação, dúvidas não há de que é possível o emprego de penas mais brandas, como, por exemplo, a advertência, embora seja, evidentemente, menos efetiva no propósito de punir aquele que comete reiteradamente faltas, além de não ter praticamente nenhum efeito inibitório.

O que se controverte, contudo, é a possibilidade de aplicação de penas mais severas como, por exemplo, a suspensão de direitos, dentre eles os de utilizar áreas e bens comuns do condomínio como piscina, quadras poliesportivas, churrasqueira, salão de festas, e até mesmo a supressão de serviços essenciais como água, telefonia, energia elétrica e até elevador, que a depender do andar em que resida o condômino ou possuidor, se consubstancia inequivocamente como um bem essencial.

Há, na doutrina, vozes entendendo ser possível a aplicação de tais sanções, embora deva ela ser feita com cuidado e reflexão, tendo em vista ser medida extremada e que pode gerar abusos.[44] Não haveria, no entanto, uma vedação absoluta à sua aplicação, na medida em que até mesmo serviços públicos essenciais podem ser suprimidos, por exemplo, ante a falta de pagamento, como autoriza a Lei 8.987/1995, em seu art. 6º.

Por outro turno, prevalece na doutrina entendimento em sentido contrário, ao qual aderimos, no sentido da impossibilidade de aplicação de tais penas, por se caracterizar como inequívoco abuso de direito e constrangimento ilegal,[45] o que também encontra amparo na jurisprudência do STJ.[46] O ordenamento jurídico

---

44. VENOSA, Sílvio de Salvo. *Direito civil*: reais. 22. ed. São Paulo: Atlas, 2022, v. 4, p. 335.
45. ROSENVALD, Nelson; FARIAS, Cristiano Chaves de. *Curso de direito civil*: reais. 15. ed. Salvador: JusPodivm, 2019, v. 5, p. 830.
46. REsp 1699022 / SP. Relator Min. Luis Felipe Salomão. Quarta Turma. DJe 1º.07.2019.

3 • O REGIME JURÍDICO DO CONDÔMINO E DO POSSUIDOR ANTISSOCIAL

já prevê as sanções passíveis de aplicação ao condômino ou possuidor nocivo, isto é, já coloca à disposição as ferramentas jurídicas a serem aplicadas, como a imposição de elevada pena pecuniária. Para além disso, haveria inequívoco constrangimento para o condômino, que continuando no ambiente condominial, ficaria marginalizado, o que obviamente contraria os fins sociais do condomínio e a promoção da dignidade da pessoa humana.

Quarto ponto a se destacar no tratamento do condômino ou possuidor nocivo diz respeito à desnecessidade de previsão da pena pecuniária na Convenção, assim como a desnecessidade de tipificação de condutas no ato convencional. O Código Civil, no *caput* do art. 1.337, expressamente previu que a aplicação da sanção dependerá, necessariamente, de deliberação da Assembleia que, observando o gravoso quórum de 3/4 (três-quartos) dos condôminos, decidirá pela caracterização, ou não, da conduta nociva, bem como sobre a aplicação, ou não, da pena e o seu montante, o qual está limitado ao valor máximo equivalente a 05 (cinco) cotas condominiais, não se admitindo a aplicação de valor superior, seja por previsão na própria Convenção, seja até mesmo por decisão assemblear.[47]

Com isso se quer dizer que para a aplicação da sanção prevista no Código Civil não é preciso que a Convenção autorize previamente, e tampouco é preciso que o contrato-normativo do Condomínio tipifique as condutas tidas como nocivas. É a Assembleia de condôminos que decidirá pela caracterização, ou não, do comportamento como nocivo, assim como pela aplicação, ou não, da sanção, sendo ela soberana para a tomada dessa decisão, estando limitada apenas ao montante da pena previsto na lei.

Nessa esteira, os condôminos reunidos em Assembleia, e levando em consideração a gravidade das condutas e a sua reiteração, deliberarão sobre qual medida deverá ser tomada. Nada obstante, é preciso ter em mente que, embora soberana no ambiente condominial, a pena aplicada estará sempre sujeita ao controle do Poder Judiciário, o qual é inafastável por expressa previsão do art. 5º, XXXV, da Constituição Federal. Dessa forma, entendendo o condômino que não merecia ter recebido a sanção, ou mesmo que a pena aplicada não foi razoável e proporcional à sua conduta, poderá se socorrer do Poder Judiciário para revê-la, com base em critérios como a equidade, na forma do art. 413 do Código Civil, ou até mesmo anulá-la.[48]

---

47. No mesmo sentido, entendendo ser impossível a aplicação de multa superior ao teto legal, LOUREIRO, Francisco Eduardo. Comentários ao art. 1.331 do Código Civil. In: PELUSO, Cezar (Coord.). *Código civil comentado*: doutrina e jurisprudência. 8. ed. Barueri: Manole, 2014, p. 1.265.
48. Cf. LOUREIRO, Francisco Eduardo. Comentários ao art. 1.331 do Código Civil. In: PELUSO, Cezar (Coord.). *Código civil comentado*: doutrina e jurisprudência. 8. ed. Barueri: Manole, 2014, p. 1.265.

De tudo isso se pode concluir que a decisão sobre a aplicação da pena não poderá ser tomada pelo síndico, mas sempre e exclusivamente pela Assembleia,[49] ainda que a Convenção preveja as referidas condutas e a sanção, na medida em que seria um procedimento ilegal, por contrariar o texto expresso do Código Civil, que exige deliberação assemblear, prevendo, portanto, o devido processo para aplicação da pena civil.

Para além do devido processo legal, no caso da pena aplicável ao condômino ou possuidor nocivo também é preciso observar o devido procedimento legal, a saber, a deliberação em Assembleia com o quórum de aprovação de 3/4 (três-quartos) dos condôminos. Inadmissível, a nosso sentir, a modificação do referido quórum pela Convenção.

Primeiro, a alteração para reduzi-lo feriria uma garantia do condômino infrator, de não o sujeitar a decisões de minorias eventuais. O propósito do gravoso quórum legal é assegurar ao condômino ou possuidor nocivo que a sanção seja imposta por um número representativo de condôminos, que evidencie o incômodo e a nocividade da conduta frente a uma ampla maioria.

Quanto à modificação para aumento do quórum, também entendemos não ser possível. Isso porque, o aumento do percentual previsto seria, provavelmente, para um quórum de unanimidade, o que anda na contramão da tendência legislativa no ambiente dos condomínios. Apenas para ilustrar, a recente Lei 14.405 de 12 de julho de 2022 alterou diversos dispositivos do Código Civil no capítulo atinente ao condomínio edilício, especialmente para reduzir os quóruns assembleares, afastando as hipóteses de unanimidade, como aquela tradicionalmente prevista para a modificação da destinação do edifício e da unidade imobiliária, que agora é de apenas 2/3, e não mais unanimidade, conforme nova redação do art. 1.351 do Código Civil.

Cumpre-nos ainda destacar que há vozes na doutrina, da qual ousamos discordar, defendendo que o procedimento para aplicação da pena ao condômino ou possuidor nocivo depende de regulamentação na Convenção, que deverá prever um procedimento próprio para tal, de modo que, na sua ausência, não será possível aplicar a sanção legal.[50] Discordamos, contudo, de tal entendimento, por pensarmos que a lei não exigiu a referida regulamentação. Com efeito, se consoante o disposto no art. 5º, II, da Constituição Federal, ninguém pode fazer ou

---

49. No mesmo sentido, Marco Aurélio Bezerra de Melo (MELO, Marco Aurélio Bezerra de. *Direito Civil*: coisas. 3. ed. Rio de Janeiro: Forense, 2019, p. 278) e Francisco Eduardo Loureiro (LOUREIRO, Francisco Eduardo. Comentários ao art. 1.331 do Código Civil. In: PELUSO, Cezar (Coord.). *Código civil comentado*: doutrina e jurisprudência. 8. ed. Barueri: Manole, 2014, p. 1.265).
50. Cf. Marco Aurélio Bezerra de Melo (MELO, Marco Aurélio Bezerra de. *Direito Civil*: coisas. 3. ed. Rio de Janeiro: Forense, 2019, p. 278).

3 • O REGIME JURÍDICO DO CONDÔMINO E DO POSSUIDOR ANTISSOCIAL

deixar de fazer algo senão por força de lei (princípio da legalidade), na ausência de exigência legal acerca da regulamentação desse procedimento na Convenção, não se pode impedir que os condôminos reunidos em Assembleia deliberem e apliquem as penas aos condôminos ou possuidores nocivos.

Por fim, devemos observar que é possível aplicar, ao mesmo condômino ou possuidor, mais de uma vez a pena pela nocividade, caso o infrator persista em sua conduta reiterada e contumaz.[51] Destacamos, contudo, que não é possível aplicar mais de uma pena pelas mesmas condutas nocivas, o que caracterizaria um *bis in idem*. No entanto, caso o condômino ou possuidor seja punido, e ainda assim, após a aplicação da sanção, persista em seu comportamento, será possível, mediante nova deliberação em Assembleia, aplicar nova multa ao infrator.

Ultrapassada a questão do condômino ou possuidor nocivo, impõe-se examinar os aspectos inerentes ao condômino ou possuidor antissocial, cujo regime é regulado no parágrafo único do art. 1.337 do Código Civil, o que faremos a partir de agora.

b) Regime sancionatório do condômino ou possuidor antissocial

Na hipótese examinada no subitem anterior, as sanções aplicáveis ao condômino ou possuidor nocivo decorriam do descumprimento reiterado dos deveres para com o condomínio, não se limitando, portanto, aos deveres previstos na lei, e notadamente no art. 1.336 do Código Civil.

No caso do condômino ou possuidor antissocial, a sua caracterização é mais ampla, não se limitando ao mero descumprimento reiterado dos deveres para com o condomínio. O comportamento antissocial se caracteriza por *qualquer comportamento* reiterado que leve a uma incompatibilidade de convivência do infrator com os demais. Assim, se por reiteração do descumprimento dos deveres legais ou convencionais, ou pela prática reiterada de qualquer outra conduta que torne incompatível e, logo, impossível a convivência com os demais condôminos e possuidores, será possível a aplicação da pena prevista no parágrafo único do art. 1.337 do Código Civil ao condômino ou possuidor antissocial.

Disso se infere que, enquanto para o condômino ou possuidor nocivo a palavra-chave para a sua caracterização é a *reiteração* do descumprimento dos deveres para com o condomínio, para o condômino ou possuidor an-

---

51. Cf. LOUREIRO, Francisco Eduardo. Comentários ao art. 1.331 do Código Civil. In: PELUSO, Cezar (Coord.). *Código Civil comentado*: doutrina e jurisprudência. 8. ed. Barueri: Manole, 2014, p. 1.265.

tissocial, além da reiteração do comportamento, exige-se a consequência da incompatibilidade de convivência com os demais condôminos e possuidores. Então, para a aplicação das gravosas sanções àquele que se caracteriza como condômino ou possuidor antissocial, é preciso que haja uma reiteração de atos que levem a uma impossibilidade de convivência deste condômino ou possuidor com os demais.

Por essa razão, e como defendemos anteriormente, para a punição do condômino ou possuidor antissocial não é preciso observar uma gradação, aplicando-se sucessivamente as penas previstas nos arts. 1.336, § 2º, 1.337, *caput*, e parágrafo único do Código Civil. Por não haver uma identidade de condutas que se sujeitem às sanções legais, cada uma será aplicável para cada caso. Então, no caso de *descumprimento pontual dos deveres legais e convencionais*, aplicar-se-á a pena prevista no § 2º do art. 1.336 do Código Civil. No caso de *reiterado descumprimento desses deveres*, será aplicável a pena do art. 1.337, *caput*, do Código Civil. E, por fim, no caso da prática de *atos antissociais reiterados*, vistos como aqueles que impeçam a continuidade de convivência entre os condôminos, aplicável será a pena prevista no parágrafo único do art. 1.337 do Código Civil.

Insere-se nessa reiteração de atos passíveis de caracterização do comportamento antissocial também as hipóteses de não pagamento contumaz e intencional das cotas condominiais que levem ao extremo de comprometer a vida em condomínio.[52] Como exemplo poderíamos citar os prédios de apartamentos com poucas unidades, cujos orçamentos são apertados, de modo que a mora de um condômino já é suficiente para comprometer o funcionamento do condomínio. Caso o inadimplemento seja intencional e contumaz, com o propósito de prejudicar os demais, que terão que fazer frente às despesas na falta daquele que está inadimplente, pensamos ser possível a aplicação da pena como condômino ou possuidor antissocial.

No tocante propriamente ao regime sancionatório, quase todos os pontos anteriormente desenvolvidos no subitem *a*, referente à análise do condômino ou possuidor nocivo, se aplicará ao condômino ou possuidor antissocial, razão pela qual remetemos o querido leitor ao subitem anterior. Sem prejuízo, algumas questões recebem tratamento diverso e, por essa razão, merecem atenção particular, e é sobre elas que iremos nos debruçar.

---

52. No mesmo sentido, Nelson Rosenvald e Cristiano Chaves de Farias (ROSENVALD, Nelson; FARIAS, Cristiano Chaves de. *Curso de direito civil*: reais. 15. ed. Salvador: JusPodivm, 2019, v. 5, p. 833) e Paulo Lôbo (LÔBO, Paulo. *Direito civil*: coisas. 2. ed. São Paulo: Saraiva, 2017, p. 259).

Primeiro ponto é que a pena civil, de caráter personalíssima, prevista no parágrafo único do art. 1.337 do Código Civil, e aplicável ao condômino ou possuidor antissocial, é muito mais elevada, podendo corresponder até o décuplo do valor da sua cota condominial. A elevadíssima pena se justifica pelo fato de que o comportamento antissocial rompe com a estrutura do condomínio edilício, que se funda na comunhão dos direitos de vizinhança e dos direitos inerentes a uma relação propriamente condominial.

O condômino ou possuidor antissocial rompe com a estrutura do condomínio ao inviabilizar a vida em vizinhança fruto das relações decorrentes da titularidade exclusiva das unidades autônomas, bem como por comprometer a vida de compartilhamento das coisas e interesses comuns que deve existir no condomínio. Por isso, a permanência do comportamento antissocial, sem a possibilidade de adoção de medidas severas, coloca em risco a própria existência do condomínio, sendo inúmeros os casos práticos em que condôminos vendem suas unidades, ou as dá em locação ou comodato, com o único e verdadeiro propósito de fugir daquele ambiente em razão da existência de condôminos ou possuidores antissociais. Na expressão popular, é o famoso "os incomodados que se mudem", o que, evidentemente, se mostra absurdo, pois não é razoável que a vítima dos comportamentos antissociais tenha que se submeter a tal constrangimento.

Segundo ponto, e polêmico, é a da possibilidade, ou não, de aplicação da multa pelo síndico ao condômino ou possuidor antissocial. No regime do *caput* do art. 1.337 do Código Civil, aplicável ao condômino ou possuidor nocivo, vimos que é firme o entendimento de que a penalidade só pode ser imposta pela Assembleia, a qual é soberana para decidir não só pela aplicação da pena, assim como por seu valor, limitado este, no entanto, ao patamar previsto na lei.

Nada obstante, no regime do condômino ou possuidor antissocial, instalou-se controvérsia na doutrina em razão da redação do parágrafo único do art. 1.337 do Código Civil. Segundo a lei civil, o condômino ou possuidor que, por seu reiterado comportamento antissocial, gerar incompatibilidade de convivência com os demais condôminos ou possuidores, poderá ser constrangido a pagar multa correspondente ao décuplo do valor atribuído à contribuição para as despesas condominiais, *até ulterior deliberação da assembleia*.

Da leitura da norma é possível perceber que o legislador não mencionou expressamente a necessidade de prévia deliberação em Assembleia, e tampouco previu quórum para a tomada de decisões, como fez no *caput* do art. 1.337 do Código Civil. Limitou-se a afirmar que é possível a aplicação da pena até ulterior deliberação assemblear.

Por conta da ausência dessa exigência, parcela da doutrina tem defendido que a pena prevista no parágrafo único do art. 1.337 do Código Civil, de até um décuplo do valor da cota, pode ser aplicada pelo síndico,[53] dispensando-se prévia deliberação dos condôminos em Assembleia. Nada obstante, deverão os condôminos, ulteriormente, se reunir em Assembleia para deliberar, cuja convocação deverá especificar em item próprio a matéria. Nessa deliberação, e segundo o entendimento dessa parcela da doutrina, poderá a Assembleia reduzir a multa ou mantê-la, mas não a aumentar, assim como não poderá prever sanção diversa, a menos que autorizado pela Convenção ou pelo Regimento Interno.[54]

Nada obstante, há entendimento contrário na doutrina,[55] ao qual aderimos, no sentido de que a pena ao condômino ou possuidor antissocial só pode ser aplicada pela Assembleia, em observância à regra do *caput* do art. 1.337, do Código Civil. Vejamos as razões para assim entendermos.

Consoante o disposto no art. 11, III, *c*, da Lei Complementar 95/98, que trata da elaboração e redação das leis, os parágrafos de um artigo têm como propósito tratar dos aspectos complementares da norma enunciada no *caput*, assim como as exceções à regra nele estabelecida.

Na hipótese, dúvidas não há de que o legislador, no parágrafo único do art. 1.337, do Código Civil, não trouxe uma norma que visa excepcionar o *caput*. Em verdade, ele especificou uma situação umbilicalmente ligada anterior, que é a possibilidade de aplicação de uma penalidade mais severa quando a conduta é mais grave do que aquela prevista no *caput* do dispositivo. Dessa forma, e estando o parágrafo único do art. 1.337 vinculado ao *caput*, e mais propriamente especificando uma questão particular prevista no *caput*, é induvidoso que deverá seguir sua regra. Não se trata, à toda evidência, de nova norma. Com efeito, se no *caput* do art. 1.337, do Código Civil exige-se a realização de Assembleia para deliberar sobre a aplicação da pena ao comportamento nocivo, com um quórum

---

53. Nesse sentido, Marco Aurelio Viana (VIANA, Marco Aurelio S. In: TEIXEIRA, Sálvio de Figueiredo (Coord.). *Comentários ao novo Código Civil*: dos direitos reais. Arts. 1.225 a 1.510. 3. ed. Rio de Janeiro: Forense, 2007, v. XVI, p. 518) e Flávio Tartuce e José Fernando Simão (TARTUCE, Flávio; SIMÃO, José Fernando. *Direito civil*: direito das coisas. 2. ed. São Paulo: Método, 2009, v. 4, p. 303).

54. Cf. Marco Aurelio Viana (VIANA, Marco Aurelio S. In: TEIXEIRA, Sálvio de Figueiredo (Coord.). *Comentários ao novo Código Civil*: dos direitos reais. Arts. 1.225 a 1.510. 3. ed. Rio de Janeiro: Forense, 2007, v. XVI, p. 518-519.

55. Nesse sentido, Luiz Edson Fachin (FACHIN, Luiz Edson. In: AZEVEDO, Antônio Junqueira de (Coord.). *Comentários ao Código Civil*: parte especial do direito das coisas (arts. 1.277 a 1.368). São Paulo: Saraiva, 2003, v. 15, p. 261) e Francisco Eduardo Loureiro (LOUREIRO, Francisco Eduardo. Comentários ao art. 1.331 do Código Civil. In: PELUSO, Cezar (Coord.). *Código civil comentado*: doutrina e jurisprudência. 8. ed. Barueri: Manole, 2014, p. 1.265-1.266).

severo de 3/4 (três-quartos) dos condôminos, pensamos que não há dúvidas de que o mesmo procedimento deve ser observado na hipótese prevista no parágrafo único do mesmo dispositivo, que trata do comportamento antissocial, e cuja pena é a ainda mais grave.

Então, para além da questão envolvendo a estrutura da norma, há, ainda, uma questão de lógica e de proporcionalidade. Ora, se para a aplicação da pena menos grave ao comportamento nocivo, tratado no *caput* do art. 1.337 do Código Civil, exige-se deliberação em Assembleia e com quórum elevado, com muito mais razão será exigível o mesmo procedimento para a aplicação da pena mais severa destinada ao condômino ou possuidor antissocial, não sendo razoável admitir a aplicação de tal sanção por decisão unilateral do síndico.

Temos, ainda, um problema prático caso se entenda que há, de fato, dispensa de prévia deliberação e aprovação assemblear para aplicação da multa ao condômino ou possuidor antissocial, exigindo-se apenas a sua posterior ratificação. Isso porque a lei civil não prevê um prazo para essa posterior deliberação, tampouco quórum, e muito menos os efeitos da penalidade na hipótese de a Assembleia jamais vir a ocorrer. Ter-se-á, então, uma verdadeira insegurança jurídica, na medida que não há regulamentação para esses importantes aspectos.

E nem se diga que, diante dessa "omissão", se aplicaria por analogia a regra do *caput*, pois tal justificativa encerraria um contrassenso. Ora, se diante da "omissão" do parágrafo único em exigir a prévia Assembleia, a doutrina em contrário não se utiliza da interpretação analógica e conclui que o síndico pode aplicar a multa, por que vai se empregar a analogia para a Assembleia posterior? Na pior das hipóteses, aplicar-se-ia a analogia para exigir a prévia deliberação assemblear. No entanto, e como vimos, em verdade não há omissão no parágrafo único do art. 1.337 do Código Civil, haja vista que ele complementa o *caput*, razão pela qual se deverá observar o que este prevê, exigindo-se, pois, prévia Assembleia com quórum gravoso.

Diante disso se questiona o significado da expressão *até ulterior deliberação da assembleia*, prevista no parágrafo único do art. 1.337 do Código Civil. O legislador, ao prever que o condômino poderá ser constrangido a pagar a pena até ulterior deliberação da Assembleia, quis dizer que, diante da reiteração e da gravidade da conduta antissocial, a Assembleia deliberará pela aplicação da multa, a qual perdurará e continuará a incidir periodicamente (periodicidade essa a ser decidida também pela Assembleia) até que ulterior deliberação assemblear

3.2.3 A suspensão ou privação temporária de uso e a exclusão do condômino ou possuidor antissocial

A questão mais tormentosa e, por essa razão deixamos para enfrentá-la ao final, é a da possibilidade, ou não, de adoção da drástica medida de suspensão ou interdição temporária do condômino, bem como a sua expulsão, no caso da permanência e da gravidade da conduta antissocial que torne insustentável a vida em condomínio, após se mostrarem insuficientes as penas pecuniárias anteriormente aplicadas.

Assim, e desde logo, destacamos que esta discussão perpassa pela insuficiência e ineficácia de outras sanções, que devem primeiramente ser aplicadas para punir e fazer cessar o comportamento antissocial, uma vez que se trata de medida extrema, que afeta direito fundamental do condômino ou possuidor, como a propriedade, a moradia e o exercício de atividades econômicas, esta última hipótese nos casos de condomínios com finalidade comercial. Então, e como regra, a aplicação da pena de suspensão ou exclusão do condômino é subsidiária, nos casos em que as penas pecuniárias se revelem ineficazes. Sem prejuízo, e no final deste tópico, levantaremos a questão atinente à remota possibilidade de aplicação direta, e não subsidiária, das penas de suspensão e exclusão em situações extremadas.

A discussão envolvendo a aplicação dessas penas extremadas é sensível, mas nasceu em decorrência de situações concretas igualmente extremadas, em que o comportamento antissocial do condômino ou possuidor efetivamente torna insuportável a vida no condomínio edilício, a ponto de os demais condôminos ou possuidores pensarem em deixar seus lares e salas comerciais, e até mesmo concretizarem essa medida.

Diante de tal realidade, passou-se a discutir em nossa doutrina e em nossos tribunais a possibilidade de aplicação destas graves penas de suspensão e exclusão do condômino ou possuidor antissocial, as quais já são admitidas em

---

56. No mesmo sentido, Marco Aurélio Bezerra de Melo (MELO, Marco Aurélio Bezerra de. *Direito Civil*: coisas. 3. ed. Rio de Janeiro: Forense, 2019, p. 278) e Francisco Eduardo Loureiro (LOUREIRO, Francisco Eduardo. Comentários ao art. 1.331 do Código Civil. In: PELUSO, Cezar (Coord.). *Código civil comentado*: doutrina e jurisprudência. 8. ed. Barueri: Manole, 2014, p. 1.265-1.266).

alguns ordenamentos jurídicos estrangeiros como, por exemplo, a Argentina,[57] a Espanha,[58] a Suíça[59] e a Alemanha.[60]

---

57. O art. 2.069 do Código Civil e Comercial da Nação prevê a possibilidade de expulsão do possuidor não proprietário recalcitrante no descumprimento dos deveres impostos aos condôminos e possuidores de unidades autônomas em condomínios: Artículo 2069. Régimen. En caso de violación por un propietario u ocupante de las prohibiciones establecidas en este Código o en el reglamento de propiedad horizontal, y sin perjuicio de las demás acciones que corresponden, el consorcio o cualquier propietario afectado tienen acción para hacer cesar la infracción, la que debe sustanciarse por la vía procesal más breve de que dispone el ordenamiento local. Si el infractor es un ocupante no propietario, puede ser desalojado en caso de reiteración de infracciones.

58. A Lei de Propriedade Horizontal espanhola (Lei 49, de 21 de julho de 1960) prevê em seu art. 7º a possibilidade de aplicação da pena judicial de privação temporária de uso da unidade autônoma por prazo não superior a 03 anos quando outras medidas se mostrarem insuficientes para inibir o cometimento de graves infrações pelo proprietário, assim como poderá determinar a extinção definitiva de todos os direitos sobre a unidade no caso de não proprietário (exclusão): Artículo séptimo. 1. El propietario de cada piso o local podrá modificar los elementos arquitectónicos, instalaciones o servicios de aquél cuando no menoscabe o altere la seguridad del edificio, su estructura general, su configuración o estado exteriores, o perjudique los derechos de otro propietario, debiendo dar cuenta de tales obras previamente a quien represente a la comunidad. En el resto del inmueble no podrá realizar alteración alguna y si advirtiere la necesidad de reparaciones urgentes deberá comunicarlo sin dilación al administrador. 2. Al propietario y al ocupante del piso o local no les está permitido desarrollar en él o en el resto del inmueble actividades prohibidas en los estatutos, que resulten dañosas para la finca o que contravengan las disposiciones generales sobre actividades molestas, insalubres, nocivas, peligrosas o ilícitas. El presidente de la comunidad, a iniciativa propia o de cualquiera de los propietarios u ocupantes, requerirá a quien realice las actividades prohibidas por este apartado la inmediata cesación de las mismas, bajo apercibimiento de iniciar las acciones judiciales procedentes. Si el infractor persistiere en su conducta el Presidente, previa autorización de la Junta de propietarios, debidamente convocada al efecto, podrá entablar contra él acción de cesación que, en lo no previsto expresamente por este artículo, se sustanciará a través del juicio ordinario.

Presentada la demanda, acompañada de la acreditación del requerimiento fehaciente al infractor y de la certificación del acuerdo adoptado por la Junta de propietarios, el juez podrá acordar con carácter cautelar la cesación inmediata de la actividad prohibida, bajo apercibimiento de incurrir en delito de desobediencia. Podrá adoptar asimismo cuantas medidas cautelares fueran precisas para asegurar la efectividad de la orden de cesación. La demanda habrá de dirigirse contra el propietario y, en su caso, contra el ocupante de la vivienda o local. Si la sentencia fuese estimatoria podrá disponer, además de la cesación definitiva de la actividad prohibida y la indemnización de daños y perjuicios que proceda, la privación del derecho al uso de la vivienda o local por tiempo no superior a tres años, en función de la gravedad de la infracción y de los perjuicios ocasionados a la comunidad. Si el infractor no fuese el propietario, la sentencia podrá declarar extinguidos definitivamente todos sus derechos relativos a la vivienda o local, así como su inmediato lanzamiento.

59. O Código Civil suíço de 1907, com as alterações promovidas pela Lei Federal de 19 de dezembro de 1963, prevê em seu art. 649*b* a possibilidade de aplicação da pena judicial de exclusão do condômino ou possuidor infrator por graves violações que impeçam a sua continuidade no ambiente condominial: Art. 649*b*. 1 Le copropriétaire peut être exclu de la communauté par décision judiciaire lorsque, par son comportement ou celui de personnes auxquelles il a cédé l'usage de la chose ou dont il répond, des obligations envers tous les autres ou certains copropriétaires sont si gravement enfreintes que l'on ne peut exiger d'eux la continuation de la communauté. 2 Si la communauté ne comprend que deux copropriétaires, chacun d'eux peut intenter action; dans les autres cas et sauf convention contraire, une autorisation votée à la majorité de tous les copropriétaires, non compris le défendeur, est nécessaire. 3 Le juge qui prononce l'exclusion condamne le défendeur à aliéner sa part de copropriété et, à défaut d'exécution dans le délai fixé, ordonne la vente aux enchères publiques de la part, les dispositions relatives à la réalisation forcée des immeubles étant applicables, à l'exclusion de celles qui régissent la fin de la copropriété.

Antes de apresentarmos a controvérsia e os fundamentos empregados por cada corrente doutrinária e jurisprudencial, cumpre-nos fazer breves comentários sobre cada uma das sanções propostas, a saber a suspensão ou privação (interdição) temporária de uso e a exclusão.

A suspensão ou privação (interdição) temporária de uso nada mais é do que o afastamento temporário do condômino ou possuidor de sua unidade autônoma e do ambiente condominial. Trata-se de medida que visa desapossá-lo temporariamente da unidade autônoma e das áreas e bens comuns do condomínio com o propósito de impedir o seu convívio com os demais condôminos e possuidores. Assemelhar-se-ia às medidas protetivas de natureza penal, que determinam o afastamento momentâneo do agente ofensor da vítima, a fim de impedir novos ilícitos.

Já a expulsão é o afastamento definitivo do condômino ou possuidor do ambiente condominial. No caso do condômino, proprietário da unidade, a expulsão não significa a perda da propriedade, de modo que ela não corresponde a uma desapropriação e muito menos ao perdimento do bem. Em verdade, com a aplicação dessa pena o condômino ou possuidor não poderá mais ingressar no condomínio e, consequentemente, em sua unidade. No caso do condômino expulso, restará a ele apenas ceder temporariamente o uso do bem a terceiro, por meio, por exemplo, de um contrato de locação ou de comodato, ou vender a sua unidade, na medida em que não poderá mais participar da vida em condomínio.

Sem prejuízo, precisamos destacar a existência de vozes na doutrina que defendem que a pena de exclusão deverá importar, necessariamente, na venda judicial forçada da unidade do condômino antissocial, sub-rogando-se o con-

---

60. A Lei de 15 de março de 1951, chamada *Gesetz über das Wohnungseigentum und das Dauerwohnrecht* (WoEigG ou WEG), prevê seu parágrafo 17 a possibilidade de exclusão do condômino que, pela gravidade do descumprimento de seus deveres, torne impossível o convívio com os demais. Tal exclusão pode se dar por decisão da maioria absoluta dos condôminos, e acarretará na obrigatoriedade de o condômino alienar sua unidade: § 17 Entziehung des Wohnungseigentums. (1) Hat ein Wohnungseigentümer sich einer so schweren Verletzung der ihm gegenüber anderen Wohnungseigentümern oder der Gemeinschaft der Wohnungseigentümer obliegenden Verpflichtungen schuldig gemacht, dass diesen die Fortsetzung der Gemeinschaft mit ihm nicht mehr zugemutet werden kann, so kann die Gemeinschaft der Wohnungseigentümer von ihm die Veräußerung seines Wohnungseigentums verlangen. (2) Die Voraussetzungen des Absatzes 1 liegen insbesondere vor, wenn der Wohnungseigentümer trotz Abmahnung wiederholt gröblich gegen die ihm nach § 14 Absatz 1 und 2 obliegenden Pflichten verstößt. (3) Der in Absatz 1 bestimmte Anspruch kann durch Vereinbarung der Wohnungseigentümer nicht eingeschränkt oder ausgeschlossen werden. (4) Das Urteil, durch das ein Wohnungseigentümer zur Veräußerung seines Wohnungseigentums verurteilt wird, berechtigt zur Zwangsvollstreckung entsprechend den Vorschriften des Ersten Abschnitts des Gesetzes über die Zwangsversteigerung und die Zwangsverwaltung. Das Gleiche gilt für Schuldtitel im Sinne des § 794 der Zivilprozessordnung, durch die sich der Wohnungseigentümer zur Veräußerung seines Wohnungseigentums verpflichtet.

3 • O REGIME JURÍDICO DO CONDÔMINO E DO POSSUIDOR ANTISSOCIAL

dômino no preço, abatidas as multas e indenizações exigíveis,[61] ou no caso do mero possuidor, a resolução contratual pela via jurisdicional.[62]

Desta forma, identificadas o que são cada uma dessas sanções, vamos à análise da controvérsia acerca da possibilidade, ou não, de sua aplicação.

Para uma primeira parcela da doutrina,[63] as penas de suspensão ou exclusão do condômino ou possuidor antissocial não podem ser aplicadas, especialmente ante a ausência de previsão legal, o que seria, portanto, uma ofensa ao art. 5º, II, da Constituição Federal, segundo o qual ninguém pode ser obrigado a fazer ou deixar de fazer algo senão em virtude de lei. Em verdade, segundo essa corrente de pensamento, o legislador já previu um procedimento e severas sanções ao condômino ou possuidor antissocial, de modo que seria impossível a aplicação (mesmo que judicialmente) das penas de suspensão e, especialmente, de exclusão, as quais correspondem a sanções antijurídicas, posto não previstas no ordenamento. Além disso, a imposição das referidas penas acarretaria uma violação à dignidade da pessoa humana, à solidariedade social, ao direito de moradia e ao direito de propriedade (no caso de o apenado ser condômino), todos esses valores e princípios assegurados constitucionalmente. Para ilustrar, vale transcrever a lição emanada da pena de José Fernando Simão e Marcelo Uriel Kairalla:[64]

> A utilização de princípios para justificar a exclusão de um condômino resulta em perigosíssimo desvio de categoria jurídica, que pode aviltar a ordem jurídica. No caso em estudo, a ordem jurídica foi precisa ao delinear as situações que são sancionáveis (desrespeito ao estatuto condominial e ao direito de vizinhança), descreveu os procedimentos legais para apuração da ilicitude da situação (devido processo no âmbito condominial e processo judicial) e, por fim, determinou as penas aplicáveis em caso de apuração positiva do ilícito.

Nessa linha de pensamento, também não seria possível a aplicação dessas penas mesmo em casos gravíssimos e extremados, como de eventual condômino que ande armado no condomínio ameaçando e constrangendo vizinhos. Em casos tais, e segundo esse entendimento, não competeria ao Direito Civil lidar com essas situações, mas sim o Direito Administrativo (com eventual cassação

---

61. Cf. LOUREIRO, Francisco Eduardo. Comentários ao art. 1.331 do Código Civil. In: PELUSO, Cezar (Coord.). *Código civil comentado*: doutrina e jurisprudência. 8. ed. Barueri: Manole, 2014, p. 1.266.
62. COSTA, Alexander Seixas da. O condômino antissocial no direito civil brasileiro. *XXV Congresso do Conpedi*, Curitiba, 2016, p. 182.
63. Essa é a opinião, dentre outros, de Guilherme Calmon Nogueira da Gama (GAMA, Guilherme Calmon Nogueira da. *Direitos reais*. São Paulo: Atlas, 2011, p. 404), Flávio Tartuce (TARTUCE, Flávio. *Manual de direito civil*: volume único. 11. ed. São Paulo: Método, 2021, p. 1.032) e José Fernando Simão e Marcelo Uriel Kairalla (SIMÃO, José Fernando; KAIRALLA, Marcello Uriel. Impossibilidade de exclusão do condômino antissocial. *Revista Jurídica Luso-Brasileira*, a. 5, n. 3, p. 967-992, Lisboa, 2019, p. 984-990).
64. SIMÃO, José Fernando; KAIRALLA, Marcello Uriel. Impossibilidade de exclusão do condômino antissocial. *Revista Jurídica Luso-Brasileira*, a. 5, n. 3, p. 987, Lisboa, 2019.

do direito ao porte de arma) e o Direito Penal. Assim, com esses argumentos, parcela da doutrina rechaça a possibilidade de suspensão e, especialmente, a exclusão do condômino ou possuidor antissocial.

Nada obstante, a maioria da doutrina[65] e da jurisprudência, corrente de pensamento a qual nos filiamos, têm sido tendentes a admitir a possibilidade tanto de suspensão, quanto de exclusão, do condômino ou possuidor antissocial, notadamente porque o direito de propriedade e de posse devem cumprir uma função social.

Como discorremos longamente no Capítulo 2 de nosso livro, o exercício do direito de propriedade e da posse somente serão merecedores de tutela se, além de não desrespeitarem os limites impostos pelo ordenamento, também cumprirem sua função promocional de realização dos princípios e valores constitucionalmente assegurados, como a dignidade da pessoa humana, a tutela plena da moradia, o livre exercício das atividades econômicas, dentre outros. Sem embargo, o ordenamento jurídico também rechaça o exercício abusivo dos direitos que se qualifica como um comportamento antijurídico, a merecer a adoção das reprimendas necessárias para fazer cessar a conduta. Por essa razão, o condômino ou possuidor que não cumpre essa função promocional do seu direito de propriedade e de posse, ou que o exerce de modo abusivo, poderá ser inequivocamente privado, de modo temporário ou definitivo, do exercício do seu direito.

Além disso, e como também já explicitamos exaustivamente ao longo de nossa obra, o condomínio edilício possui um regime híbrido, que associa a normatividade do direito de vizinhança, com aquela inerente às situações condomi-

---

65. Ver, exemplificativamente, Marco Aurélio Bezerra de Melo (MELO, Marco Aurélio Bezerra de. *Direito Civil*: coisas. 3. ed. Rio de Janeiro: Forense, 2019, p. 278-279), Paulo Lôbo (LÔBO, Paulo. *Direito civil*: coisas. 2. ed. São Paulo: Saraiva, 2017, p. 259), Sílvio de Salvo Venosa (VENOSA, Sílvio de Salvo. *Direito civil*: reais. 22. ed. São Paulo: Atlas, 2022, v. 4, p. 337), Francisco Eduardo Loureiro (LOUREIRO, Francisco Eduardo. Comentários ao art. 1.331 do Código Civil. In: PELUSO, Cezar (Coord.). *Código Civil comentado*: doutrina e jurisprudência. 8. ed. Barueri: Manole, 2014, p. 1.266), Nelson Rosenvald e Cristiano Chaves de Farias (ROSENVALD, Nelson; FARIAS, Cristiano Chaves de. *Curso de direito civil*: reais. 15. ed. Salvador: JusPodivm, 2019, v. 5, p. 834-835), Pablo Stolze Gagliano e Rodolfo Pamplona Filho (GAGLIANO, Pablo Stolze; PAMPLONA FILHO, Rodolfo. *Novo curso de direito civil*: direitos reais. 4. ed. São Paulo: Saraiva, 2022, v. 5, p. 323), Martinho Neves Miranda (MIRANDA, Martinho Neves. A possibilidade jurídica de exclusão do condômino antissocial. *Revista da EMERJ*, v. 13, n. 49, p. 218, Rio de Janeiro, 2010), Alexander Seixas da Costa (COSTA, Alexander Seixas da. O condômino antissocial no direito civil brasileiro. *XXV Congresso do Conpedi*, Curitiba, 2016, p. 182), Marco Fábio Morsello (MORSELLO, Marco Fábio. O condômino antissocial sob a perspectiva civil-constitucional. *Revista da faculdade de direito da Universidade de São Paulo*. v. 109, p. 176-177, jan./dez., 2014) e Guilherme Marques Botelho e Vinícius Rangel Marques (BOTELHO, Guilherme Marques; MARQUES, Vinícius Rangel. O condômino antissocial e a possibilidade de sua exclusão no ordenamento jurídico brasileiro. In: TEPEDINO, Gustavo; SILVA, Rodrigo da Guia. *Relações privadas*: contratos, titularidade e responsabilidade civil. Belo Horizonte: Fórum, 2021).

niais típicas e comuns. Nessa esteira, o condômino ou possuidor antissocial, por suas reiteradas faltas graves, inviabiliza a própria subsistência do condomínio, na medida que afeta seus pilares e sua estrutura. O comportamento antissocial, que se caracteriza, como previsto no próprio parágrafo único do art. 1.337 do Código Civil, pela insuportabilidade da vida em condomínio, impede que os demais exerçam os seus direitos em sua plenitude.

Então, o comportamento juridicamente antissocial rompe com a estrutura do condomínio e põe em risco a sua manutenção, na medida em que torna insuportável a vida no ambiente condominial, impedindo o pleno exercício dos direitos sobre as unidades autônomas e as partes comuns pelos demais, que são elementos estruturantes e essenciais da relação jurídica condominial. Deste modo, não se trata de uma "mera" exigência de observância da função social da propriedade e da posse por parte do condômino, como sustenta parcela da doutrina, exigência essa que já vimos ser essencial, na medida em que a propriedade e a posse condominial devem ser exercidas de modo a respeitar, cumprir e promover os fins e valores existenciais e sociais da Constituição. Mas se trata especialmente de cumprir com os elementos estruturantes e essenciais da subsistência do próprio condomínio edilício, permitindo que todos os demais exerçam plenamente seus direitos de propriedade e de posse.

Diante disso, questionamos se é possível comprometer a vida e o exercício dos direitos de todos os demais, em prol da observância apenas de uma limitação do texto do Código Civil, que se revela, em certa medida, descolado de importantes valores e princípios que permeiam a ordem constitucional, como a própria dignidade da pessoa humana, o direito de propriedade, o direito de moradia e o direito ao livre exercício das atividades econômicas de todos os demais condôminos ou possuidores. A resposta nos parece ser negativa.

Cumpre-nos destacar que tal raciocínio não visa justificar a adoção de um pensamento utilitarista aos condomínios, em que um condômino deve ser sacrificado em prol da coletividade. Buscamos, contudo, fazer uma ponderação de interesses conflitantes, em que direitos de igual hierarquia precisam ser conformados. E, neste caso, pensamos que há uma primazia *prima facie* dos interesses da coletividade, uma vez que o comportamento antissocial é, como já vimos exaustivamente, violador dos pilares do condomínio edilício, comprometendo sua própria existência, de modo que entendemos não ser possível defender a absoluta inaplicabilidade das penas de suspensão ou exclusão diante da reiteração de graves condutas que inviabilizam a vida em condomínio, sob pena de ruptura do próprio ambiente condominial, o que pode gerar um verdadeiro caos social não desejado pela ordem jurídica.

Observamos, ainda, que a adoção dessas drásticas sanções também emerge da necessidade de despatrimonialização das penas previstas no Código Civil, especialmente quando estas se revelam insuficientes e ineficazes para inibir e fazer cessar a continuidade, a permanência e a gravidade das condutas antissociais, de modo a assegurar aos demais condôminos e possuidores o direito de viver em paz, em segurança e com saúde, não apenas física, mas também mental.

Sobre esse aspecto, é preciso ter em mente que há situações em que o condômino ou possuidor antissocial tem confortável e abastada condição financeira, de maneira que o valor das multas previstas na lei pode ser irrisório para ele, compensando a continuidade de seu doentio comportamento. Famoso é o caso de um jogador de futebol, morador de uma casa de um condomínio de luxo em bairro nobre da Cidade do Rio de Janeiro, que promovia diariamente festas em seu imóvel, incomodando a todos. Em determinado momento, após ser chamada a polícia, o infrator, instado pelo síndico a pagar a multa de R$ 2.000,00 (dois mil reais), não se fez de rogado, tendo gritado em alto e bom som para o síndico e todos os demais: "manda a multa que eu pago".[66] É evidente que em tais situações, a pena pecuniária não atende à sua finalidade, sendo imperiosa a adoção de medidas mais drásticas.

Assim, por todas essas razões, entendemos ser plenamente possível, tanto a aplicação da pena de suspensão, quanto a de exclusão, do condômino ou possuidor antissocial, o que

A referida imposição, contudo, não poderá se dar pela via extrajudicial. Para que seja suspenso ou expulso o condômino ou possuidor antissocial, exigir-se-á o pronunciamento judicial, de modo que caberá ao condomínio buscar o Poder Judiciário para obter o preceito sancionatório. A Assembleia, contudo, será imprescindível para a aprovação da propositura da ação, na qual entendemos, em consonância com o art. 1.337 do Código Civil, que dependerá de deliberação de 3/4 (três-quartos) dos condôminos, desconsiderado o infrator.

Como consequência, será necessária a convocação da Assembleia, com a previsão no edital convocatório de item específico sobre a matéria, competindo aos condôminos deliberar e aprovar, ou não, a propositura da ação de suspensão ou expulsão pelo condomínio. Desta forma, não se confere legitimidade a um condômino, isoladamente, para a postulação em juízo, ainda que ele seja diretamente afetado pelo comportamento antissocial do infrator.

---

66. Sobre o fato, ver a seguinte notícia: https://extra.globo.com/famosos/retratos-da-bola/festa-de-ronaldinho-gaucho-termina-com-policia-na-porta-multa-11888375.html.

3 • O REGIME JURÍDICO DO CONDÔMINO E DO POSSUIDOR ANTISSOCIAL

Por fim, a última questão a merecer nossas considerações é aquela que diz respeito à aplicação das penas extremas de suspensão e exclusão de condômino ou possuidor que, por um único ato, torna insustentável a vida em condomínio. Questiona-se, pois, se mesmo não havendo uma prática reiterada de uma conduta antissocial, é possível suspender ou excluir um condômino ou possuidor.

Contemporaneamente ao momento em que este livro foi escrito, circulou nos veículos de mídia a notícia de um fato que deixou milhares de pessoas boquiabertas: um condômino em um condomínio de luxo de um bairro nobre da Cidade do Rio de Janeiro agrediu violenta e imotivadamente a síndica de seu condomínio.[67] As imagens chocaram pela brutalidade e pela ausência de motivo. Segundo testemunhas, e as próprias imagens da câmera de segurança do prédio, o morador agrediu a síndica pelo simples fato de a academia estar fechada no momento em que ele quis frequentá-la. Ao se deparar com a porta fechada, o morador procurou a síndica e, ao encontrá-la, sem verbalizar qualquer reclamação ou pedido de explicações, a agrediu violentamente, fazendo-a cair no chão.

A par dos efeitos criminais da conduta, que induvidosamente incidirão na hipótese, dúvida que emana é se é possível suspender esse condômino, bem como todos aqueles que porventura se comportem de modo semelhante, por um único ato, ou seria exigível a reiteração de condutas para tal.

A nosso sentir, e mesmo ciente da inequívoca possibilidade de posicionamentos em contrário, entendemos ser possível a aplicação de tais penas em situações excepcionalíssimas, mesmo sem a repetição do comportamento, pelo simples fato de que a certas condutas, ainda que isoladas, já são capazes de demonstrar uma índole e um caráter que impossibilitam concretamente o convívio do indivíduo em coletividade.

É certo que tal conclusão pode dar margem a calorosas discussões, pois inúmeros fatores podem, ainda que não justificar, mas explicar logicamente a conduta, como um eventual e isolado surto psicótico, por exemplo.

Por essa razão, afirmamos ser apenas possível, mas não obrigatória, e sempre em caráter excepcionalíssimo, a aplicação de tais penas. Tudo dependerá, pois, do caso concreto, em que assegurado o devido processo legal e, consequentemente, o contraditório e a ampla defesa, poderá o condomínio demonstrar judicialmente a excepcionalidade e extraordinariedade do fato que justifique a adoção da drástica medida.

---

67. Disponível em: https://g1.globo.com/google/amp/rj/rio-de-janeiro/noticia/2022/09/03/imagens-
-mostram-homem-agredindo-sindica-de-predio-na-barra-da-tijuca.ghtml e https://oglobo.globo.
com/google/amp/rio/noticia/2022/09/sindica-e-agredida-com-tapa-em-condominio-de-luxo-da-
-barra-da-tijuca-veja-video.ghtml.

3.3 CASOS PRÁTICOS

Neste tópico apresentaremos alguns exemplos práticos, de julgados extraídos dos mais variados tribunais do país, de condutas reconhecidas como antissociais e que sujeitam o condômino ou possuidor às sanções previstas no art. 1.337, parágrafo único, do Código Civil, assim como à pena de expulsão. Vamos a eles.

3.3.1 Anulação da penalidade pela inobservância do devido processo legal

Como vimos, é essencial para a aplicação da sanção ao condômino ou possuidor antissocial a observância do devido processo legal, o qual se aplica às relações privadas pelo reconhecimento da eficácia horizontal dos direitos fundamentais, o que decorre do postulado da dignidade da pessoa humana, a fim de assegurar à pessoa o mínimo essencial no tocante a procedimentos que podem afetar a sua esfera jurídica, como a perda de bens e direitos.

No caso enfrentado pelo Superior Tribunal de Justiça, foi convocada assembleia que, em que pese tenha observado o quórum legal para a aplicação da pena por comportamento antissocial, deixou de notificá-lo para apresentação de defesa, razão pela qual a penalidade aplicada foi anulada. Vejamos, pois, a ementa do Acórdão:

> Direito civil. Recurso especial. Condomínio. Ação de cobrança de multa convencional. *Ato antissocial (art. 1.337, parágrafo único, do código civil). Falta de prévia comunicação ao condômino punido. Direito de defesa. Necessidade. Eficácia horizontal dos direitos fundamentais. Penalidade anulada.* 1. O art. 1.337 do Código Civil estabeleceu sancionamento para o condômino que reiteradamente venha a violar seus deveres para com o condomínio, além de instituir, em seu parágrafo único, punição extrema àquele que reitera comportamento antissocial, *verbis:* "O condômino ou possuidor que, por seu reiterado comportamento antissocial, gerar incompatibilidade de convivência com os demais condôminos ou possuidores, poderá ser constrangido a pagar multa correspondente ao décuplo do valor atribuído à contribuição para as despesas condominiais, até ulterior deliberação da assembleia". 2. Por se tratar de punição imputada por conduta contrária ao direito, na esteira da visão civil-constitucional do sistema, deve-se reconhecer a aplicação imediata dos princípios que protegem a pessoa humana nas relações entre particulares, a reconhecida eficácia horizontal dos direitos fundamentais que, também, deve incidir nas relações condominiais, para assegurar, na medida do possível, a ampla defesa e o contraditório. Com efeito, buscando concretizar a dignidade da pessoa humana nas relações privadas, a Constituição Federal, como vértice axiológico de todo o ordenamento, irradiou a incidência dos direitos fundamentais também nas relações particulares, emprestando máximo efeito aos valores constitucionais. Precedentes do STF. 3. Também foi a conclusão tirada das Jornadas de Direito Civil do CJF: En. 92: Art. 1.337: As sanções do art. 1.337 do novo Código Civil não podem ser aplicadas sem que se garanta direito de defesa ao condômino nocivo. 4. *Na hipótese, a assembleia extraordinária, com quórum qualificado, apenou o recorrido pelo seu comportamento nocivo, sem, no entanto, notificá-lo*

3 • O REGIME JURÍDICO DO CONDÔMINO E DO POSSUIDOR ANTISSOCIAL 113

para fins de apresentação de defesa. Ocorre que a gravidade da punição do condômino antisso-cial, sem nenhuma garantia de defesa, acaba por onerar consideravelmente o suposto infrator, o qual fica impossibilitado de demonstrar, por qualquer motivo, que seu comportamento não era antijurídico nem afetou a harmonia, a qualidade de vida e o bem-estar geral, sob pena de restringir o seu próprio direito de propriedade. 5. Recurso especial a que se nega provimento.

(STJ – REsp: 1365279 SP 2011/0246264-8, Relator: Ministro Luis Felipe Salomão, Data de Julgamento: 25.08.2015, T4 – Quarta Turma, Data de Publicação: DJe 29.09.2015 RDDP v. 153 p. 157).

3.3.2 Desnecessidade da presença física de 3/4 (três-quartos) dos condôminos para a aplicação da sanção e desnecessidade de prévia tipificação da conduta antissocial na convenção

Em outro caso envolvendo os aspectos procedimentais para aplicação da pena, o Tribunal de Justiça de Santa Catarina decidiu duas questões importantes: a primeira diz respeito à necessidade, ou não, de presença física de 3/4 (três-quartos) dos condôminos em Assembleia para a aplicação da sanção; e a segunda que trata da necessidade, ou não, de prévia previsão na Convenção do comportamento antissocial para a aplicação da sanção.

No caso concreto, o Condomínio, após insistentes avisos à condômina antissocial, aplicou-lhe sanção pecuniária correspondente ao décuplo do valor da cota, sanção que foi posteriormente ratificada em sede de Assembleia, mas reduziu o valor da pena para o montante equivalente a 05 (cinco) cotas condominiais. Na Assembleia não estavam presentes 3/4 (três-quartos) dos condôminos, quórum esse, no entanto, que foi preenchido posteriormente pela adesão dos demais, alcançando, inclusive, quórum superior ao legal.

Tal fato foi impugnado pela condômina infratora, impugnação essa que não prosperou. Na visão da Corte catarinense, o quórum de 3/4 (três-quartos), por ser extremamente excessivo, é quase impossível ou verdadeiramente impossível de ser alcançado em um condomínio, pois dificilmente se conseguirá que esse número elevadíssimo de condôminos compareça à Assembleia. Por isso, entendeu-se que esse quórum pode ser alcançado mediante ratificação dos demais condôminos, que poderão assinar o documento em que se aprovou a aplicação da multa.

Sobre esse aspecto, e em que pese respeitemos a posição do Tribunal de Santa Catarina, pensamos que da redação legal não se pode admitir essa posterior ratificação. Isso porque a ideia da reunião de condôminos é, exatamente, possibilitar o debate no ambiente da Assembleia, a fim de que possam os condôminos convencer e serem convencidos da ocorrência da conduta antissocial, bem como da aplicação da multa. Por isso, entendemos que é inafastável a exigência de aprovação por 3/4 (três-quartos) dos condôminos em Assembleia.

Outro aspecto questionado pela condômina foi a ausência de tipificação na Convenção ou no Regimento Interno das condutas tidas por antissociais e, portanto, sujeitas à grave penalidade.

Tal argumento também foi rejeitado pela Corte, com o quê concordamos. Isso porque é impossível para os condôminos, quando da elaboração da Convenção, pensar em todas as hipóteses possíveis e imagináveis de condutas antissociais. Até porque, como vimos em nossa obra, a caracterização do comportamento antissocial não está atrelada ao descumprimento dos deveres legais ou convencionais, de modo que qualquer conduta reiterada que torne impossível a relação condominial com o condômino ou possuidor infrator pode caracterizar o comportamento antissocial. Desse modo, andou bem o legislador ao trazer um conceito jurídico indeterminado, que deverá ser preenchido no caso concreto de acordo com o tempo e lugar da ocorrência do fato.

Assim, foi mantida a punição à condômina. Para ilustrar, transcrevemos a ementa do julgado:

> Apelação cível. Ação anulatória c/c indenizatória por danos morais. Assembleia condominial que, com fulcro no artigo 1.337, parágrafo único, do código civil, deliberou pela aplicação de multa a condômino que ostentava reiterada conduta antissocial. Higidez formal e material da penalidade. Recurso desprovido. Sentença de improcedência mantida. Nos termos do artigo 1.337, parágrafo único, do Código Civil, o condômino ou possuidor que, por seu reiterado comportamento antissocial, gerar incompatibilidade de convivência com os demais condôminos ou possuidores, poderá ser constrangido a pagar multa correspondente ao décuplo do valor atribuído à contribuição para as despesas condominiais, até ulterior deliberação da assembleia. *No que tange ao quórum mínimo para a homologação da mencionada penalidade, qual seja, ¾ (três quartos) dos consortes restantes, impende proceder a leitura atual do artigo 1.337 do Código Civil e reconhecer a validade da deliberação tomada pela maioria, ainda que algumas assinaturas tenham sido colhidas em momento posterior à assembleia realizada para tanto. Com efeito, exigir-se a presença física de ¾ (três quartos) dos demais consortes para validade da decisão que aplicou a penalidade seria não só desprezar a vontade real predominante, como também tornaria inócuo o dispositivo em apreço, pois consabido que, ante o frenesi do ritmo de vida urbano, a reunião de número tão elevado de moradores em condomínio de grandes proporções é feito não só improvável, mas praticamente impossível. No mais, não é pré-requisito para a aplicação da penalidade prevista no artigo 1.337, parágrafo único, do Código Civil, a prévia tipificação da conduta como antissocial, bastando que haja um consenso dos condôminos de que a reiteração de determinado comportamento cause incompatibilidade de convivência com os demais, provocando desconforto para os condôminos restantes. Até porque, ante o universo infinito de condutas antissociais possíveis, seria mesmo inviável tipificá-las todas, daí que se confere aos maiores interessados na questão, quais sejam, os próprios condôminos, a tarefa de apreciar o caso concreto e verificar se o grau de nocividade do comportamento atacado é prejudicial à harmonia da comunidade condominial.* Preenchidos os requisitos formais e materiais previstos no artigo 1.337, parágrafo único, do Código Civil, não há se falar em nulidade da penalidade aplicada, tampouco em indenização por danos morais. (TJ-SC – AC: 693586 SC 2008.069358-6, Relator: Carlos Adilson Silva, Data de Julgamento: 18/03/2010, Primeira Câmara de Direito Civil, Apelação Cível 2008.069358-6, de São José).

3.3.3 Subsidiariedade da pena de exclusão. Necessidade de prévia aplicação da sanção prevista no art. 1.337, parágrafo único, do Código Civil

Em julgado do Tribunal de Justiça de São Paulo reconheceu-se a subsidiariedade da pena de exclusão. Como vimos anteriormente, a pena de exclusão do condômino ou possuidor antissocial tem sido admitida amplamente na doutrina, assim como na jurisprudência dos tribunais. No entanto, faz-se necessário, antes da sua aplicação, esgotar-se as possibilidades previstas na lei. Apenas quando as sanções pecuniárias se mostrarem ineficazes, e visando preservar o ambiente condominial, será possível a imposição judicial da pena de exclusão.

Vejamos, para demonstrar o que dissemos, a ementa deste precedente do Tribunal paulista:

> Processual civil – Sentença – Nulidade – Julgamento antecipado da lide – Cerceamento de defesa – Não ocorrência – Preliminar afastada. Presentes os requisitos do art. 355, I, do Código de Processo Civil, impõe-se o julgamento antecipado da lide, não caracterizando este fato a nulidade por cerceamento de defesa ante a não designação de audiência de instrução, posto que dispensável no caso. Demais, o resultado da análise do conjunto probatório contrário aos interesses das partes não pode ser confundido com violação ao contraditório e à ampla defesa. Condomínio edilício – Condômino antissocial – Exclusão – Medida grave e precipitada, por ora – Recomendada a prévia observação do disposto no artigo 1.337 do Código Civil E NA Convenção Condominial – Improcedência mantida – Recurso não provido, com observação. Havendo elementos a demonstrar que o requerido se utiliza da propriedade de maneira nociva aos demais condôminos, possível a imposição de obrigação de não utilizar o imóvel, contudo, revela-se razoável que, previamente à determinação de exclusão do condômino, o mesmo tenha sido penalizado com a sanções pecuniárias do art. 1.337 do Código Civil e da convenção condominial (art. 35). *Evidente que, verificando-se que as sanções pecuniárias elevadas se mostraram ineficazes, havendo novos fatos, ou a reiteração dos atos graves do réu, o condomínio autor poderá novamente mover ação contra ele objetivando o reconhecimento judicial de sua exclusão, o que fica ressalvado.*
> (TJ-SP – AC: 10053994820218260554 SP 1005399-48.2021.8.26.0554, Relator: Paulo Ayrosa, Data de Julgamento: 05/04/2022, 31ª Câmara de Direito Privado, Data de Publicação: 05.04.2022).

3.3.4 Multiplicidade de violações ao sossego, à integridade física e moral e às regras do condomínio: festas frequentes, estacionamento irregular de veículo, agressões físicas e verbais e uso de drogas no ambiente condominial. Comportamento antissocial que autoriza a expulsão

Em nosso quarto caso que nos propomos a examinar, tem-se um julgado do Tribunal de Justiça do Distrito Federal e Territórios em um condômino era reincidente em condutas violadoras dos mais comezinhos direitos inerentes à condominialidade. Do julgado se infere a prática de diversas ações tais como barulho excessivo que incomodava os demais, estacionamento irregular de seu veículo, agressões físicas e verbais contra os demais condôminos e possuidores, e também colaboradores do condomínio, dentre outras. Além disso, o condomínio propôs, antes da ação de expulsão, uma demanda visando a condenação do condômino a abster-se de tais condutas, e embora tivesse sido condenado a tal, manteve sua conduta. Foram, ainda, aplicadas sanções pecuniárias que não surtiram efeito. Por isso, tal comportamento foi reconhecido como antissocial, o que levou à judicialização da questão e a aplicação da pena, pelo Juízo competente, de exclusão do condômino.

No exemplo vemos inúmeras situações que são muito comuns no ambiente do condomínio e que podem caracterizar um comportamento antissocial.

Primeiro, uma evidente violação do sossego, na medida em que condômino infrator promovia regularmente eventos e festas em desconformidade com a Convenção. Trata-se de fato corriqueiro, que causa diversos conflitos no ambiente condominial, mas ainda assim inúmeros condôminos e possuidores persistem nesses comportamentos evidentemente nocivos e antissociais.

Segundo comportamento reiterado, e que também é um foco de conflitos nos condomínios, diz respeito à garagem. Na hipótese, o condômino frequentemente estacionava seu veículo de modo irregular, causando transtornos aos demais. Sobre essa questão, são comuníssimos os problemas envolvendo o uso da garagem. Vale mencionar alguns exemplos recorrentes: estacionamento em local irregular, não destinado a parqueamento; não observância dos limites estabelecidos das vagas, impedindo que outros condôminos estacionem seus veículos; não utilização dos cartões e adesivos de identificação do veículo comumente exigidos nas Convenções e Regulamentos ou Regimentos Internos; estacionamento de um número maior de veículos do que o autorizado na Convenção e na própria escritura do imóvel; uso das vagas para colocação de outros objetos que não veículos; e uso das vagas para estacionamento de dois ou mais veículos.

Sobre esses exemplos, alguns merecem observação em particular. Quanto ao estacionamento de um número maior de vagas, trata-se de conduta extremamente odiosa, pois leva a um evidente enriquecimento sem causa do condômino. São, infelizmente, comuns os casos de condôminos que se aproveitam do fato de não existir um controle interno na garagem, ou mesmo não utilizam os cartões e adesivos nos carros para identificação, para estacionar mais veículos do que o permitido. Como regra, os condomínios preveem uma vaga para cada morador, o que comumente está também previsto na escritura do imóvel. No entanto, alguns condôminos ou possuidores, cientes de que nem todos possuem veículo e, logo, de que existem vagas sobrando, aproveitam-se para estacionar mais de um veículo de sua propriedade, em verdadeira lesão aos demais que optam, acertadamente, por respeitar as regras legais e convencionais.

Outra prática comum em garagens é o uso das vagas para guardar objetos, móveis, dentre outras coisas, as quais, em alguns casos, trazem até mesmo risco para os demais (recordo-me de uma demanda em que o condômino montou em sua vaga uma oficina de marcenaria, contendo, inclusive, produtos inflamáveis como cola de madeira).

Além disso, alguns condôminos ou possuidores colocam na mesma vaga mais de um veículo, como carro e moto, o que evidentemente não é possível – exceto se a Convenção autorizar –, na medida em que cada vaga pressupõe, obviamente, um veículo apenas. Nesses casos, sempre proponho uma reflexão: quando são anunciadas, por um empregador, duas vagas de emprego, isso significa que poderão ser contratadas quatro pessoas, ou é uma pessoa por vaga? Do mesmo modo, se foram abertas dez vagas em um concurso, é para ocupação de vinte candidatos? Obviamente que não. Os próprios léxicos, quando da definição do termo *vaga*, assim explicam: "Lugar vazio onde se pode estacionar um veículo: vaga de estacionamento. [Jurídico]". Portanto, uma vaga corresponde a um veículo.

Há, ainda, condôminos e possuidores que se utilizam desse expediente para guardar vagas de garagem. Expliquemos. Não são incomuns os casos de condomínios que possuem vagas cobertas e descobertas, não especificando a Convenção, e tampouco a escritura do imóvel, qual vaga pertence a cada unidade, de modo que é livre para todos. Assim, alguns condôminos mantêm motos e até bicicletas nas vagas cobertas quando saem com os carros, a fim de guardar a vaga. Trata-se, obviamente, de conduta abusiva, isto é, um abuso do direito, na medida em que, em que pese não sejam especificadas as vagas que podem ser ocupadas, o condômino ou possuidor usa desse expediente para manter uma vaga cativa, como se fosse sua, em prejuízo dos demais. Portanto, é inequívoco que se trata de uma conduta antijurídica que, se reiterada, sujeita o condômino ou possuidor às sanções por comportamento antissocial.

Ainda no caso concreto, o condômino também atentava contra a integridade física e psíquica dos demais condôminos ou possuidores por meio de ofensas e agressões físicas, como xingamentos e socos e tapas em condôminos. Sobre o referido comportamento, não se faz necessário tecer mais comentários, na medida em que atenta contra a vida e a saúde dos demais.

Último comportamento descrito no caso em análise é o uso de drogas nas dependências do condomínio. Conforme narrativa, o condômino fazia uso frequente de entorpecentes, como a maconha, cujo cheiro incomodava os vizinhos. Em que pese o uso de drogas tenha sido despenalizado pela lei penal, é induvidoso que esse comportamento corresponde a um ilícito civil, especialmente se praticado no ambiente do condomínio, causando incômodo aos demais. Tal conduta, se praticada reiteradamente, sujeitará o condômino ou possuidor às sanções previstas para os condôminos e possuidores antissociais, e até mesmo a pena de expulsão.

Por fim, e para ilustrar, transcrevemos a ementa do julgado.

Direito civil e processual civil. Apelação cível. Ação de obrigação de fazer. Condomínio. Exclusão de condômino. Comportamentos antissociais. Pedido reconvencional de reparação de danos morais e materiais. Ilegitimidade passiva do condomínio. Apelo não conhecido quanto aos pedidos de reparação de danos morais e materiais. Princípio da dialeticidade não observado. Preliminar de ausência de fundamentação da sentença. Rejeição. *Reiteração de condutas antissociais de diversas naturezas. Imposição de inúmeras multas. Determinação judicial para abster-se dos comportamentos nocivos. Medidas ineficazes.* Alegação de desconhecimento dos fatos e das penalidades impostas. Recusa do condômino de assinar as comunicações. *Venire contra factum proprium. Exclusão e proibição ao condômino de adentrar o condomínio. Cabimento.* Apelação parcialmente conhecida e, na extensão, improvida. Sentença mantida. 1. As razões recursais que não combatem especificamente os fundamentos invocados na decisão impugnada violam frontalmente o princípio da dialeticidade. Nesse passo, é inadmissível a apelação no ponto que deixa de atacar especificamente os fundamentos da sentença recorrida. 2. No caso, os pedidos de reparação de danos morais e materiais foram veiculados em reconvenção, a qual foi extinta sem julgamento de mérito em vista da ilegitimidade passiva do condomínio. No apelo, o recorrente não ataca a extinção da reconvenção, cingindo-se, tão somente, a tecer fundamentação acerca da reparação dos danos morais e materiais, deixando de atender ao princípio da dialeticidade, ou seja, mantendo incólume a sentença que indeferiu a reconvenção. Diante disso, a apelação não merece ser conhecida, no ponto. 3. Não se constata vício de fundamentação na sentença recorrida quando esta resolveu a relação jurídica deduzida em juízo equacionando os fatos e fundamentos casuisticamente, mediante operação intelectiva do magistrado a partir dos elementos de convicção constantes dos autos. Preliminar rejeitada. 4. *Cabível a imposição de exclusão e de proibição de adentrar o condomínio a condômino que adota comportamentos antissociais de diversas naturezas (barulho excessivo, estacionamento irregular, agressões físicas e verbais contra demais moradores e colaboradores etc.) e que continua praticando tais atos mesmo após a aplicação de inúmeras multas pecuniárias e determinação judicial para se abster dos comportamentos nocivos.* 4.1. Não há falar-se em ausência de observância do contraditório e da ampla defesa quando o condômino poderia se insurgir contra as penalidades impostas, registrando as ocorrências no livro da ouvidoria e participando das assembleias que deliberaram sobre a imposição das penalidades. Ademais, alegar que desconhecia os fatos e as sanções impostas atenta contra a proibição de *venire contra factum proprium,* já que ele mesmo se recusava a assinar as comunicações e efetuou o pagamento das multas aplicadas. 5. *A par de nenhum direito, ainda que fundamental, se mostrar absoluto, de se ver que o direito de locomoção e de propriedade do condômino antis-*

social não pode se sobrepujar ao direito de propriedade dos demais condôminos e da função social a ela inerente e, em especial e principalmente, à dignidade da pessoa humana. A residência deve promover aos seus titulares descanso, tranquilidade, segurança, bem-estar e conforto e tais atributos não podem ser comprometidos pelas condutas desrespeitosas adotadas por um único condômino, que desconsidera quaisquer regramentos, sejam eles sociais, internos, federais e até mesmo judiciais. 6. Apelação conhecida em parte e, nessa extensão, improvida. Sentença mantida.

(TJ-DF 20150111060167 DF 0031057-42.2015.8.07.0001, Relator: Alfeu Machado, Data de Julgamento: 31.10.2018, 6ª Turma Cível, Publicação no DJe: 06.11.2018. p. 446-448).

3.3.5 Acúmulo de lixo e sujeira na unidade com risco de incêndio. Comportamento antissocial que autoriza a exclusão

Em outro caso de interesse, temos a questão que envolve a figura da pessoa denominada no dia a dia de acumuladora, isto é, que acumula objetos velhos, antigos, lixo e sujeira em seu imóvel. Tal comportamento, a par da possibilidade de danos à saúde do próprio ocupante do imóvel, pode acarretar risco para a saúde e a segurança dos demais, na medida em que pode atrair bichos nocivos como ratos, baratas e moscas, que induvidosamente são transmissores de doenças, além da possibilidade de incêndio, dado o grande acúmulo de papel, papelão e lixo, em condições de pouca higiene e cuidado.

Por essa razão, tal comportamento se caracteriza inequivocamente como antissocial, sujeitando o condômino ou possuidor às sanções legais, assim como à pena de exclusão.

Veja-se, pois, a ementa do julgado do Tribunal de Justiça de São Paulo:

Condomínio. Condômino antissocial. Exclusão possibilidade. *Requerida mantém grande acúmulo de sujeira em prédio de apartamentos. Risco de incêndio.* Sentença de extinção, com fulcro no artigo 267, inciso VI, do Código de Processo Civil. *Sanções pecuniárias do art. 1.337 do Código Civil não esgotam as providências para fazer cessar a conduta ilícita do condômino. Requerida utiliza da propriedade de maneira nociva aos demais condôminos. Possibilidade de imposição de obrigação de não utilizar o imóvel.* Recurso do autor provido, para julgar procedente a ação, vedando a Requerida de fazer uso direto do imóvel, com a desocupação em 60 dias (imóvel limpo e higienizado), sob pena de execução, arcando a Requerida com as custas e despesas processuais e honorários advocatícios dos patronos do Autor (fixados em R$ 7.000,00), além da multa de 1% do valor da causa (a que foi atribuído o valor de R$ 10.000,00) e de indenização de 20% do valor da causa, em decorrência da litigância de má-fé.

(TJ-SP – APL: 00031223220108260079 SP 0003122-32.2010.8.26.0079, Relator: Flavio Abramovici, Data de Julgamento: 27.08.2013, 2ª Câmara de Direito Privado, Data de Publicação: 28.08.2013).

3.3.6 Realização frequente de festas durante a pandemia. Possibilidade de exclusão do condômino pelo risco causado à vida e à saúde dos demais após a aplicação das sanções previstas no art. 1.337, parágrafo único, do Código Civil

A pandemia do Coronavírus foi um período trágico da humanidade. Milhões de pessoas foram acometidas pela Covid-19, tendo suas vidas ceifadas pelo terrível vírus. Durante esse momento crítico, exigia-se das pessoas um grande cuidado, não só consigo mesmas, mas também com os demais, evitando a exposição à contaminação por esse invisível inimigo da sociedade.

No entanto, e infelizmente, inúmeros foram os casos expostos na mídia de pessoas que não tiveram bom senso, e sujeitaram os demais ao risco de serem contaminados pelo Coronavírus. No ambiente dos condomínios edilícios, não foram poucos os casos de condôminos e possuidores que "furaram" a quarentena e, consequentemente, o isolamento, promovendo festas e aglomeração de pessoas.

No caso que a seguir transcreveremos a ementa, o condômino promoveu diversas festas em sua unidade, provocando aglomerações e, consequentemente, colocando em risco a vida e a saúde dos demais, além dos barulhos que também perturbavam o sossego. Mesmo após a aplicação de diversas multas, o comportamento não cessou, o que levou à propositura da ação visando a expulsão do condômino, que foi deferida, inclusive, em sede de liminar confirmada pelo Tribunal de Justiça de São Paulo.

Vejamos a ementa:

> Agravo de Instrumento – Condomínio em edifício – Ação de Exclusão de Condômino Antissocial – Tutela provisória deferida para compelir que o requerido se abstenha de promover eventos com mais de 5 (cinco) pessoas – Festas promovidas pelo agravante que provocam aglomerações no condomínio, colocando em risco à saúde e segurança dos demais condôminos e dos funcionários do edifício, face à grave pandemia de Covid-19 – Ademais, diversas reclamações quanto ao barulho excessivo provocado, com aplicação de dezenas de multa por infração regulamentar – Requisitos do artigo 300 do CPC atendidos – Tutela de urgência mantida – Decisão agravada mantida – Recurso improvido.
> (TJ-SP – AI: 21905420920218260000 SP 2190542-09.2021.8.26.0000, Relator: Luis Fernando Nishi, Data de Julgamento: 12.01.2022, 32ª Câmara de Direito Privado, Data de Publicação: 12.01.2022).

3.3.7 Realização frequente de festas durante a pandemia. Possibilidade de exclusão do condômino pelo risco causado à vida e à saúde dos demais independentemente de aplicação das sanções previstas no art. 1.337, parágrafo único, do Código Civil

A pandemia, como dito anteriormente, foi um momento extremamente sensível para a população mundial, a exigir de todos um sentimento de cuidado e solidariedade. No entanto, e como vimos no item anterior, não foram raros os

3 • O REGIME JURÍDICO DO CONDÔMINO E DO POSSUIDOR ANTISSOCIAL

casos em que condôminos e possuidores de unidades autônomas não adotaram as cautelas necessárias, tanto para si, quanto para os demais, o que autorizou a adoção de inúmeras medidas extraordinárias visando a cessação dessas condutas.

No caso que ora examinamos, e diferentemente do anterior, admitiu-se a aplicação da pena de exclusão sem que houvesse a prévia aplicação das sanções pecuniárias previstas no art. 1.337 do Código Civil.

Este julgado é um exemplo de que, em que pese exista uma regra a seguir, admite-se, em situações excepcionais, a adoção de medidas drásticas para evitar lesões maiores e mais graves.

Na hipótese que a seguir transcreveremos, o condômino, durante o período de crise sanitária causada pelo Coronavírus, desrespeitou as medidas legais de isolamento, e até mesmo uma decisão judicial que vedava a realização de festas e reuniões no condomínio durante a pandemia.

Em absoluto desrespeito às restrições sanitárias impostas, o condômino frequentemente promovia festas, com grande número de pessoas que, inclusive, transitavam alcoolizadas pelo condomínio fazendo arruaça e sujando os corredores e demais áreas comuns, além do uso de som acima dos limites toleráveis.

A conduta evidentemente antissocial autorizou a aplicação da pena de exclusão mesmo sem a aplicação de prévias sanções, dada a excepcionalidade do momento, que exigia uma resposta drástica a fim de não apenas impedir novos comportamentos dessa natureza, mas também visando servir de exemplo para os demais.

Vejamos, pois, a transcrição da ementa do Acórdão do Tribunal de Justiça do Rio Grande do Sul:

> Apelações cíveis. Condomínio edilício. Ação ordinária com pedido de exclusão de condômino antissocial. – Condomínio. Interesse de agir. O interesse de agir diz respeito à utilidade do provimento jurisdicional que vem a ser o benefício que diante da necessidade de solução de uma lide possa ser alcançado com a sanção, ante o acolhimento de um pedido declaratório, condenatório e/ou constitutivo. Indicado o benefício a ser alcançado, não se justifica a extinção do processo sem resolução de mérito. Circunstância dos autos em que o condomínio, por iniciativa do síndico, tem interesse de agir ao buscar medida judicial por descumprimento de obrigação legal ou condominial que afete aos demais condôminos; e a preliminar arguida pelo réu é insubsistente. – Condômino. Comportamento antissocial. Exclusão do convívio condominial. *O condômino ou o usuário de unidade condominial que incorra em reiterada conduta que se caracterize antissocial é passível de ter vedado o uso pessoal da unidade e dependências condominiais, independente da aplicação da multa* prevista no art. 1.335, parágrafo único do código civil. A conduta nociva autoriza a tutela jurisdicional por aplicação dos art. 187, art. 1.228, § 1º e § 2º e art. 1.336, IV do Código Civil. *circunstância dos autos em que restou comprovada a conduta antissocial do condômino fazendo festas e reuniões na sua unidade, com grupo de pessoas alcoolizadas ocasionando transtornos de som alto, arruaça, descumpri-*

mento de normas de higiene e sanitárias, e risco à segurança dos demais condôminos, além do descumprimento da própria liminar que vedara a realização de festas e reuniões; e se impõe a medida de restrição ao uso pessoal da sua unidade e dependências condominiais. Recurso do réu desprovido e recurso do autor provido.
(TJ-RS – AC: 50015547420208210016 RS, Relator: João Moreno Pomar, Data de Julgamento: 28.06.2021, Décima Oitava Câmara Cível, Data de Publicação: 1º.07.2021).

3.3.8 Aluguel de vagas de garagem a terceiros em contrariedade à vedação da convenção

As condutas tidas como antissociais, como vimos exaustivamente ao longo da obra, não se enquadram em um rol rígido ou taxativo. Desse modo, qualquer conduta que praticada reiteradamente e que leve a uma insuportabilidade de convivência autoriza a aplicação da pena por comportamento antissocial.

Neste caso a conduta do condômino consistia em, ao arrepio da proibição constante na Convenção, alugava as suas vagas de garagem a terceiros estranhos ao condomínio, comportamento esse que traz inequivocamente risco à segurança dos demais, na medida em que permite o acesso a um número indeterminado e desconhecido de pessoas no ambiente do condomínio.

Por isso, em razão da persistência do condômino, mesmo após a aplicação de diversas penas pecuniárias, foi admitida a sua exclusão, como podemos verificar da transcrição da ementa de Acórdão prolatado pelo Tribunal de Justiça do Paraná:

Apelação cível. Ação de exclusão de condômino. Atitudes impróprias e inadequadas por morador. Inexistência de disposição no código civil acerca de expulsão de condômino antissocial. *Entendimento de que cabe à assembleia decidir a pena do morador, após aplicar as multas cabíveis, por ser medida extrema. Locação de garagens a terceiros. Convenção condominial que impede a prática. Possibilidade.* Dano moral ao condomínio. Improcedência. Decisão do STJ contrária aos danos morais. Sentença reformada. Recurso conhecido em parte e, nesta extensão, parcialmente provido (TJPR – 8ª C. Cível – 0012817-22.2016.8.16.0194 – Curitiba – Rel.: Juiz de Direito Substituto em segundo grau Ruy Alves Henriques Filho – J. 23.03.2021).

(TJ-PR – APL: 00128172220168160194 Curitiba 0012817-22.2016.8.16.0194 (Acórdão), Relator: Ruy Alves Henriques Filho, Data de Julgamento: 23.03.2021, 8ª Câmara Cível, Data de Publicação: 25.03.2021).

3.3.9 Condômino devedor contumaz. Familiares do condômino que frequentemente se comportavam de modo inadequado em violação aos direitos dos condôminos e possuidores

Em outro caso interessante, desta vez julgado pelo Tribunal de Justiça de São Paulo, admitiu-se a exclusão do condômino e de seus familiares porque mantinham um comportamento antissocial. Vê-se, portanto, que na hipótese a caracterização da antissocialidade que justificou a exclusão decorreu não apenas da conduta do condômino, mas também de seus familiares que frequentavam o condomínio.

No caso do condômino, seu comportamento consistia no não pagamento contumaz das cotas condominiais, sendo que mesmo havendo ação judicial de cobrança, a inadimplência permanecia. Além disso, também agrediu física e verbalmente outros condôminos e possuidores do condomínio.

Já quanto aos familiares, não moradores, as condutas que caracterizaram o comportamento antissocial eram as mais variadas. Eles faziam uso da churrasqueira do prédio sem prévia reserva, uso da piscina inadequadamente, inclusive trazendo pessoas absolutamente estranhas ao convívio condominial, faziam barulho excessivo fora do horário regulamentar, estacionavam irregularmente seus veículos em vaga de garagem e bloqueando a imagem da câmera da piscina, tudo isso de forma reiterada.

Por conta de todas essas ações, os condôminos reunidos em Assembleia deliberaram pela propositura de demanda visando a expulsão do condômino e seus familiares, o que foi acolhido em sede liminar e confirmado pelo Tribunal de Justiça de São Paulo.

Vejamos, pois, a ementa do Acórdão em Agravo de Instrumento:

> Agravo de instrumento – Ação de exclusão de condômino – Conduta antissocial dele e de seus familiares, que impede que continuem residindo no condomínio – Aplicação reiterada de multas, que se mostrou ineficaz – *Ameaças e agressões físicas e verbais aos demais moradores – Assembleia geral com aprovação quase unânime dos condôminos acerca da propositura da ação e das medidas a serem aplicadas ao réu – Existência de inúmeros boletins de ocorrência feitos pelos outros moradores – Existência de ação de indenização proposta por um deles – Réu que é devedor contumaz das despesas condominiais, o que, embora seja objeto de ação própria, é indicativo de que também a regra da preservação do condomínio, por meio do pagamento das parcelas necessárias, não vem sendo cumprida – Decisão agravada que, depois do contraditório, deferiu tutela de urgência para proibir a entrada do requerido nas dependências do condomínio, concedendo a ele e seus familiares prazo para que se retirem do local – Decisão que fica mantida.* Agravo de instrumento improvido.
>
> (TJ-SP – AI: 21001470520208260000 SP 2100147-05.2020.8.26.0000, Relator: Jayme Queiroz Lopes, Data de Julgamento: 23.02.2021, 36ª Câmara de Direito Privado, Data de Publicação: 23.02.2021).

3.3.10 Comportamento extremado que justifica a exclusão

O último caso que apresentamos é, de todos os que logramos encontrar, certamente o mais extremado. Trata-se de ação de exclusão de condômino proposta por condomínio em face de condômino que colecionava condutas absurdas, a demonstrar o quão difícil é a vida em condomínio.

Apenas para ilustrar o condômino praticou diversas condutas inimagináveis, tais como (i) dar marretadas nas paredes de sua unidade durante a madrugada; (ii) fazer ameaças de morte aos demais condôminos e possuidores; (iii) gritar palavrões e outras palavras de baixo calão pela janela de sua unidade; (iv) andar pelado em frente à janela; (v) cuspir nos transeuntes, condôminos e possuidores pela janela; (vi) lançar urina pela janela; (vii) jogar ovo pela janela; (viii) quebrar a janela de outros condôminos e possuidores; (ix) furar pneu dos carros dos condôminos e possuidores estacionados na garagem; (x) jogar bombas caseiras pela janela, fato este que levou, inclusive, à surdez de uma criança moradora do prédio, que foi atingida pelo artefato.

Isso demonstra que, embora tenhamos vozes entendendo não ser cabível a aplicação da pena de exclusão, parece-nos induvidoso que há situações em que ela é, de fato, inevitável, mesmo diante da ausência de previsão legal. E isso porque as demais jurisdições, como a penal, por exemplo, pode não se eficaz, sendo conhecidíssimos os casos noticiados na mídia de criminosos que não têm decretada a prisão cautelar, de modo que os facínoras continuam a conviver em sociedade.

Em situações tais não é admissível que se permita que os demais condôminos e seus familiares sejam compelidos a conviver nesse ambiente, e tampouco é razoável sustentar que o condômino ou possuidor que se sentir incomodado tenha que sair da sua residência. Por isso, entendemos ser a única medida passível de ser adotada, a fim de resguardar a coletividade.

Vejamos, então, a ementa do Acórdão do Tribunal de Justiça do Rio Grande do Sul:

> Agravo de Instrumento. Ação de exclusão de condômino antissocial. Tutela antecipada. Deferimento. Possibilidade. Verossimilhança dos fatos alegados, tendo em vista que *o agravado comprova, de forma inequívoca, o comportamento antissocial do demandado a impedir a convencia pacífica com os demais moradores. Receio de dano irreparável ou de difícil reparação, uma vez que a permanência do réu no condomínio coloca em risco à segurança e à integridade dos demais moradores.* Manutenção da decisão que deferiu a tutela antecipada de exclusão do condômino, nos termos do art. 273, I, do CPC. Negaram seguimento ao recurso, por decisão monocrática (Agravo de Instrumento 70065533911, Décima Oitava Câmara Cível, Tribunal de Justiça do RS, Relator: Nelson José Gonzaga, Julgado em 13.08.2015).
>
> (TJ-RS – AI: 70065533911 RS, Relator: Nelson José Gonzaga, Data de Julgamento: 13.08.2015, Décima Oitava Câmara Cível, Data de Publicação: Diário da Justiça do dia 14.08.2015).

REFERÊNCIAS

ALVES, José Carlos Moreira. *Direito romano*. 16. ed. Rio de Janeiro: Forense, 2014.

AZEVEDO, Álvaro Villaça. *Curso de direito civil*: direito das coisas. São Paulo: Atlas, 2014.

AZI, Camila Lemos. A lesão como forma de abuso de direito. *Revista dos tribunais*. a. 93, v. 826, p. 41-43, ago. 2004.

BANDEIRA, Paula Greco. A evolução do conceito de culpa e o artigo 944 do Código Civil. *Revista da EMERJ*, v. 11, n. 42, p. 227-249, Rio de Janeiro, 2008.

BARROSO, Luís Roberto. "Aqui, lá e em todo lugar": a dignidade humana no direito contemporâneo e no discurso transnacional. *Revista dos Tribunais*, v. 101, v. 919, p. 127-196, maio 2012.

BOBBIO, Norberto. A função promocional do direito. *Da estrutura à função*: novos estudos de teoria do direito. Barueri: Manole, 2007.

BOTELHO, Guilherme Marques; MARQUES, Vinícius Rangel. O condômino antissocial e a possibilidade de sua exclusão no ordenamento jurídico brasileiro. In: TEPEDINO, Gustavo; SILVA, Rodrigo da Guia. *Relações privadas*: contratos, titularidade e responsabilidade civil. Belo Horizonte: Fórum, 2021.

CALCINI, Fábio Pallaretti. Abuso de direito e o novo código civil. *Revista dos tribunais*. a. 93, v. 830, p. 34-37, dez. 2004.

CARDOSO, Vladimir Mucury. O abuso de direito na perspectiva civil-constitucional. In: MORAES, Maria Celina Bodin de (Coord.). *Princípios do direito civil contemporâneo*. Rio de Janeiro: Renovar, 2006.

CARPENA, Heloísa. O abuso de direito no Código Civil de 2002: relativização de direitos na ótica civil-constitucional. In: TEPEDINO, Gustavo. (Coord.). *O Código Civil na perspectiva civil-constitucional*. Parte geral. Rio de Janeiro: Renovar, 2013.

CARVALHO NETO, Inacio de. *Abuso de direito*. Biblioteca de estudos em homenagem ao Professor Arruda Alvim. 5. ed. Curitiba: Juruá, 2009.

CHALHUB, Melhim Namem. *Direitos reais*. 2. ed. São Paulo: Ed. RT, 2014.

COELHO, Fábio Ulhoa. *Curso de direito civil*: contratos. 9. ed. São Paulo: Ed. RT, 2020. v. 3.

CORDEIRO, António Menezes. *Da boa-fé no direito civil*. Coimbra: Almedina, 2013.

COSTA, Alexander Seixas da. O condômino antissocial no direito civil brasileiro. *XXV congresso do conpedi*, Curitiba, p. 169-186, 2016.

DINIZ, Maria Helena. *Curso de direito civil brasileiro*: direito das coisas. 30. ed. São Paulo: Saraiva, 2015. v. 4.

FACHIN, Luiz Edson. *A função social e a propriedade contemporânea*: uma perspectiva da usucapião imobiliária rural. Porto Alegre: Fabris, 1988.

FACHIN, Luiz Edson. In: AZEVEDO, Antônio Junqueira de (Coord.). *Comentários ao Código Civil*: parte especial do direito das coisas (arts. 1.277 a 1.368).São Paulo: Saraiva, 2003. v. 15.

FACHIN, Luiz Edson. Uns nos outros: ato ilícito e abuso de direito. In: NEVES, Thiago Ferreira Cardoso (Coord.). *Direito & justiça social*: por uma sociedade mais justa, livre e solidária. Estudos em homenagem ao professor Sylvio Capanema de Souza. São Paulo: Atlas, 2013.

FARIAS, Cristiano Chaves de; ROSENVALD, Nelson. *Curso de direito civil*: reais. 15. ed. Salvador: JusPodvim, 2019. v. 5.

FULGENCIO, Tito. *Direitos de visinhaça*: limites de predios (demarcação). São Paulo: Saraiva, 1925.

FUX, Luiz. *Curso de direito processual civil*. 5. ed. Rio de Janeiro: Forense, 2022.

GAGLIANO, Pablo Stolze; PAMPLONA FILHO, Rodolfo. *Novo curso de direito civil*: direitos reais. 4. ed. São Paulo: Saraiva, 2022. v. 5.

GAMA, Guilherme Calmon Nogueira da. Condomínio edilício. In: BARBOZA, Heloisa Helena (Coord.). *20 anos do Código Civil*: perspectivas presentes e futuras. Rio de Janeiro: Processo, 2022.

GAMA, Guilherme Calmon Nogueira da. *Direitos reais*. São Paulo: Atlas, 2011.

GIORDANI, José Acir Lessa. Locação por temporada e as modernas formas de ocupação do imóvel urbano. In: BARBOZA, Heloisa Helena; GAMA, Guilherme Calmon Nogueira da; NEVES, Thiago Ferreira Cardoso (Coord.). *Lei do inquilinato*: exame dos 30 anos da lei de locação urbana. Estudos em homenagem ao Professor Sylvio Capanema de Souza. Indaiatuba: Foco, 2021.

GONÇALVES, Carlos Roberto. *Direito civil brasileiro*: direito das coisas. 10. ed. São Paulo: Saraiva, 2015. v. 5.

KONDER, Carlos Nelson. *Causa e tipo*: a qualificação dos contratos sob a perspectiva civil--constitucional. Rio de Janeiro, 2014.

LAUTENSCHLÄGER, Milton Flávio de Almeida Camargo. *Abuso do direito*. São Paulo: Atlas, 2007.

LÔBO, Paulo. *Direito civil*: coisas. 2. ed. São Paulo: Saraiva, 2017.

LOPES, Miguel Maria de Serpa. *Curso de direito civil*. 6. ed. Rio de Janeiro: Freitas Bastos, 1988. v. I.

LOPEZ, Teresa Ancona. Exercício do direito e suas limitações: abuso do direito. In: MENDES, Gilmar Ferreira; STOCO, Rui (Coord.). *Doutrinas essenciais*: direito civil, parte geral. São Paulo: Ed. RT, 2011. v. IV.

LOTUFO, Renan. *Código civil comentado*: parte geral (arts. 1º a 232). 3. ed. São Paulo: Saraiva, 2016. v. I.

LOUREIRO, Francisco Eduardo. Comentários ao art. 1.331 do Código Civil. In: PELUSO, Cezar (Coord.). *Código civil comentado*: doutrina e jurisprudência. 8. ed. Barueri: Manole, 2014.

MELO, Marco Aurélio Bezerra de. Apontamentos sobre o condomínio edilício. In: AZEVEDO, Fábio de Oliveira; MELO, Marco Aurélio Bezerra de. *Direito imobiliário*: escritos em homenagem ao Professor Ricardo Pereira Lira. São Paulo: Atlas, 2015.

MELO, Marco Aurélio Bezerra de. *Direito Civil*: coisas. 3. ed. Rio de Janeiro: Forense, 2019.

MIRANDA, Martinho Neves. A possibilidade jurídica de exclusão do condômino antissocial. *Revista da EMERJ*, v. 13, n. 49, p. 211-227, Rio de Janeiro, 2010.

MORAES, Maria Celina Bodin. A caminho de um direito civil-constitucional. *Na medida da pessoa humana*: estudos de direito civil-constitucional. Rio de Janeiro: Renovar, 2010.

MORSELLO, Marco Fábio. O condômino antissocial sob a perspectiva civil-constitucional. *Revista da faculdade de direito da Universidade de São Paulo*. v. 109, p. 171-186, jan./dez. 2014.

NADER, Paulo. *Curso de direito civil*: direito das coisas. 4. ed. Rio de Janeiro: Forense, 2010. v. 4.

NEVES, Thiago Ferreira Cardoso. O código civil de 2002: revisitando a principiologia e o emprego das técnicas das cláusulas gerais e dos conceitos jurídicos indeterminados. In: GAMA, Guilherme Calmon Nogueira da; NEVES, Thiago Ferreira Cardoso (Coord.). *20 anos do Código Civil*: relações privadas no início do século XXI. Indaiatuba: Foco, 2022.

OLIVEIRA, Carlos E. Elias de; COSTA-NETO, João. *Direito civil*: volume único. Rio de Janeiro: Método, 2022.

PEREIRA, Caio Mário da Silva. *Condomínio e incorporações*. 10. ed. Rio de Janeiro: Forense, 2000.

PEREIRA, Caio Mário da Silva. *Condomínio e incorporações*. 12. ed. Atual. Sylvio Capanema de Souza e Melhim Namem Chalhub. Rio de Janeiro: Forense, 2016.

PEREIRA, Caio Mário da Silva. *Instituições de direito civil*: direitos reais. 18. ed. Rio de Janeiro: Forense, 2004. v. IV.

PEREIRA, Caio Mário da Silva. *Instituições de direito civil*: obrigações. 28 ed. rev. e atual. por Guilherme Calmon Nogueira da Gama. Rio de Janeiro: Forense, 2016. v. II.

PERLINGIERI, Pietro. *O direito civil na legalidade constitucional*. Edição brasileira organizada por Maria Cristina De Cicco. Rio de Janeiro: Renovar, 2008.

PERLINGIERI, Pietro. *Perfis do direito civil*. 3. ed. Trad. Maria Cristina de Cicco. Rio de Janeiro: Renovar, 2007.

PINTO, André Ricardo Blanco Ferreira. Abuso de direito: autonomia dogmática. *Revista síntese direito civil e processual civil*. v. 12, n. 87, p. 98, jan./fev. 2014.

RÁO, Vicente. Abuso de direito: seu conceito na legislação civil brasileira. *Revista dos Tribunais*. v. 19, n. 74. maio 1930.

SARLET, Ingo Wolfgang; MARINONI, Luiz Guilherme; MITIDIERO, Daniel. *Curso de direito constitucional*. 4. ed. São Paulo: Ed. RT, 2015.

SARMENTO, Daniel. *Interesses públicos vs. interesses privados na perspectiva da teoria e da filosofia constitucional*. In: SARMENTO, Daniel (Org.). Interesses públicos vs. interesses privados: desconstruindo o princípio da supremacia do interesse público. Rio de Janeiro: Lumen Juris, 2005.

SCAVONE JUNIOR, Luiz Antonio. *Direito imobiliário:* teoria e prática. 8. ed. Rio de Janeiro: Forense, 2014.

SCHREIBER, Anderson. Abuso do direito e boa-fé objetiva. In: SCHREIBER, Anderson. *Direito civil e constituição*. São Paulo: Atlas, 2013.

SIMÃO, José Fernando; KAIRALLA, Marcello Uriel. Impossibilidade de exclusão do condômino antissocial. *Revista Jurídica Luso-Brasileira*, a. 5, n. 3, p. 967-992, Lisboa, 2019.

SOUZA, Eduardo Nunes de. Abuso do direito: novas perspectivas entre a licitude e o merecimento de tutela. *Revista Trimestral de Direito Civil – RTDC*. v. 50, abr./jun. 2012.

SOUZA, Sylvio Capanema de. *A lei do inquilinato comentada*: artigo por artigo. 12. ed. Rio de Janeiro: Forense, 2020.

TARTUCE, Flávio; SIMÃO, José Fernando. *Direito civil*: direito das coisas. 2. ed. São Paulo: Método, 2009. v. 4.

TARTUCE, Flávio. *Manual de direito civil*: volume único. 11. ed. Rio de Janeiro: Método, 2021.

TEPEDINO, Gustavo; BARBOZA, Heloisa Helena; MORAES, Maria Celina Bodin de. (Org.) *Código civil interpretado conforme a constituição*: parte geral e obrigações (arts. 1º ao 420). v. I. 2. ed. rev. e atual. Rio de Janeiro: Renovar, 2011.

TEPEDINO, Gustavo; MONTEIRO FILHO, Carlos Edison do Rêgo; RENTERIA, Pablo. *Fundamentos de direito civil*: direitos reais. Rio de Janeiro: Forense, 2020. v. 5.

TEPEDINO, Gustavo. O princípio da função social no direito civil contemporâneo. *Revista do Ministério Público do Rio de Janeiro: MPRJ*. n. 54, out./dez. 2014.

TEPEDINO, Gustavo. Premissas metodológicas para a constitucionalização do direito civil. In: TEPEDINO, Gustavo. *Temas de direito civil*. 4. ed. rev. e atual. Rio de Janeiro: Renovar, 2008.

TORRES, Marcos Alcino de Azevedo. *A propriedade e a posse*: um confronto em torno da função social. 2. ed. Rio de Janeiro: Lumen Juris, 2010.

VALLADÃO, Alfredo. O abuso de direito. *Revista dos tribunais*. v. 52, n. 334. p. 21, ago. 1963.

VENOSA, Sílvio de Salvo; WELL, Lívia Van. *Condomínio em edifício*: teoria e prática. 2. ed. São Paulo: Foco, 2022.

VENOSA, Sílvio de Salvo. *Direito civil*: reais. v. 4. 22. ed. São Paulo: Atlas, 2022.

VIANA, Marco Aurelio S. In: TEIXEIRA, Sálvio de Figueiredo (Coord.). *Comentários ao novo Código Civil*: dos direitos reais. Arts. 1.225 a 1.510. 3. ed. Rio de Janeiro: Forense, 2007. v. XVI.

Anotações